Pillole per la memoria – 4

Isbn 978-88-96576-02-1

Prima edizione: 2009
Seconda edizione: 2021
Edizioni Trabant – Brindisi
www.edizionitrabant.it
redazione@edizionitrabant.it

Alberto Mario

La camicia rossa

Edizioni
Trabant

PIUTTOSTO MI FÒ FRATE

Facciamo come a scuola: alzi la mano chi sa dirci qualcosa dell'incontro di Teano. Nessuno si presenta? Allora devo chiamare io…
Ma ecco una manina che sbuca fra le teste: il solito volenteroso. Il quale probabilmente sciorinerà una favoletta di questo tipo:

C'era una volta un prode condottiero che nel nome di un Re Buono liberò gran parte della nostra penisola dalla dominazione straniera. Poi il Re lo raggiunse con il suo esercito, liberò strada facendo il resto del paese e i due si incontrarono in un posticino chiamato Teano. Si strinsero la mano come vecchi compari: il Condottiero, mantello in spalla e capelli al vento, disse: saluto il primo Re d'Italia! Il Re, fiero sul suo cavallo, rispose: e io saluto il mio migliore amico! E nacque il Belpaese.

Tale è la ricostruzione dei fatti tramandata per quasi un secolo e mezzo nei sussidiari di scuola, nelle opere di arte popolare, a tutt'oggi in certi sceneggiati televisivi, in cui i garibaldini – con camicie rosse stirate e fresche di bucato – vanno all'assalto al grido di: Italia e Vittorio Emanuele! E poco importa che i testimoni di quelle vicende raccontino, con significative varianti, tutt'altra storia. Per esempio, che Vittorio Emanuele fosse qualcosa di meno che un galantuomo e una figura imponente, quanto piuttosto una persona di aspetto tozzo, rozzo di modi e alquanto cinico nei suoi commenti; che Garibaldi quel mattino fosse di pessimo umore, travagliato dagli acciacchi e perciò imbacuccato come una nonnina; e che la conversazione tra i due sia stata piuttosto fredda. Taluni li ricordano parlare addirittura in francese, lingua che era loro molto più usuale dell'italiano; la frase pronunciata dal Liberatore sarebbe dunque stata: *Majesté, je vous remets l'Italie*[1].

Alberto Mario era presente a quella scena, e ce la racconta nel capitolo finale di questo libro. Ma non si può pretendere che il solo fatto di essere stato testimo-

---

[1] Chi volesse approfondire, può trovare una delle più irriverenti ricostruzioni di quella giornata nel primo capitolo di L.Del Boca, *Maledetti Savoia*, Casale Monferrato 1998.

ne oculare renda una persona imparziale; tutt'altro. Pur nell'asciuttezza del suo scrivere, non riesce a celare una punta di sarcasmo e una malinconia rabbiosa. Vengono a contatto per la prima volta i garibaldini, laceri volontari che da mesi combattono nel meridione d'Italia, e i Piemontesi con le loro divise in ordine e il protocollo da Accademia Militare, giunti con gran dispiego di forze a raccogliere il frutto del sacrificio altrui. Alcuni ufficiali sardi si fermano con i corrispettivi in camicia rossa; ma i più, compiuto il saluto da regolamento, passano oltre con disprezzo: "sarebbesi detto che eglino fossero i liberatori, e Garibaldi il liberto". Si scorgono alla fine del corteo Fanti ministro della guerra, Farini generale appena nominato luogotenente delle Due Sicilie, e infine Vittorio Emanuele II, "tutta gente avversa a Garibaldi, a codesto plebeo donatore di regni".

La conversazione fra il Re e il Dittatore è lontana dall'epica ricostruzione dei libri di scuola, con quel roboante *saluto il primo Re d'Italia*. Al contrario, non si va oltre un freddo scambio di cortesie formali: come state? bene, e voi? benone! I due si allontanano cavalcando a fianco, e il nostro testimone si sforza di riconoscere l'epicità dell'avvenimento; ma alla fine non riesce a vedere altro che "un principe ricevitore e un popolano datore di una corona; trasformazione d'un regolo in re d'Italia".

Il sovrano viene poi presentato ai pochi popolani presenti: salutatelo, è il Re d'Italia! Ma i cafoni meridionali, che neppure intendono l'italiano, riconoscono solamente il nizzardo e invece di inneggiare al Re prendono a gridare con voce sgrammaticata *Viva Calibardo!*

Dopodiché le due schiere si separano. Vittorio Emanuele II si reca a pranzare; Garibaldi, neppure viene invitato.

Il lettore l'avrà già capito: Mario è assolutamente di parte nel ricostruire l'episodio. Ma il motivo è anche comprensibile: mentre si incontravano il Redentore d'Italia e il suo primo Re, il rodigino doveva avere un groppo in gola, così come dovette tornargli quattro anni dopo mentre scriveva. Il giorno in cui, secondo la vulgata posteriore, iniziava un nuovo avvenire per la Patria, per Alberto Mario si trattava non di un inizio ma di una fine: il termine delle illusioni, la brusca recisione delle speranze.

Vi è una parola che sembra bandita dalla nostra storia nazionale, benché più e più volte adoperata: *rivoluzione*. Molti partigiani del '43-'45 erano convinti di partecipare a una rivoluzione e non a una semplice guerriglia di liberazione; gli stessi fascisti per venti anni avevano chiamato rivoluzione la propria era; e allo stesso modo, durante il Risorgimento la parola rivoluzione fu largamente adoperata. Il processo che portò alla nascita del nostro Stato fu qualcosa di più di una semplice modifica di confini: era in gioco un totale stravolgimento degli ordinamenti statali, l'ultimo stadio della lenta morte dell'Ancien Régime. Una rivoluzione, dunque, tant'è che i testimoni dell'epoca usarono abbondantemente questa parola: nel 1861 si era compiuta la Rivoluzione Italiana. Su questo erano un po' tutti d'accordo; meno consenso riscuoteva il dilemma se questa rivoluzione fosse andata a buon fine o meno.

È questa infatti la sottile differenza tra gli scrittori unitari e antiunitari che ricostruirono quelle vicende negli anni immediatamente successivi. Per gli antiunitari come il Buttà o il De Sivo una rivoluzione era effettivamente accaduta: il compiersi dell'unificazione nazionale era visto come il risultato finale di un'epoca di cospirazioni massoniche, anticlericali, moderniste; per costoro i *settarii* avevano centrato il colpo, riuscendo a scalzare i re legittimi e imporre costituzioni laiche e leggi persecutrici della morale cristiana. Per quanti invece, come il Mario, avevano militato dalla parte opposta, e su posizioni più radicali (repubblicani, socialisti, mazziniani puri), gli eventi del 1860-61 erano stati sì una rivoluzione, ma una *rivoluzione fallita*: "e anche adesso, benché il disinganno di quattro anni abbia spazzato via con ala inesorabile fede e speranza, ci sono momenti nei quali mi sembra di sedere sul terrazzo incantato, credendo nella realtà di quell'avvenire che di lassù aprivasi allo sguardo" scriveva Mario nel 1864. A quella data uno stato unitario italiano era stato finalmente realizzato; ma per l'autore de "La camicia rossa" la musica non era cambiata granché: continuava a essere sotto controllo poliziesco, a incappare in periodici arresti ed essere costretto di tanto in tanto a riparare all'estero.

Questo veneto biondo e dai capelli lunghi (tanto che, in un'epoca priva di rotocalchi e telegiornali, veniva spesso scambiato per Garibaldi) era nato nel 1825 a Lendinara, in provincia di Rovigo, suddito dell'Impero Austro-Ungarico. Studente di legge a Padova, avrebbe potuto benissimo avviarsi a una tranquilla vita borghese: ma non erano tempi né luoghi. Infatuato delle nuove idee, iniziò a frequentare caffè e circoli in cui si dibatteva di emancipazione italiana dallo straniero, di costituzione, di progetti unitari. Per la cronaca, all'epoca era su posizioni giobertiane, convinto dell'esigenza di una confederazione di stati italiani sotto la guida del Papa. Già tenuto d'occhio dalla polizia austriaca per possesso di libri proibiti, a 23 anni fu coinvolto negli scontri di piazza che videro a Padova la morte di due studenti, e dovette riparare a Bologna.

Ebbe così inizio una vita degna d'un romanzo, avventurosa come quella di molti giovani di quegli anni. Il '48 lo travolse come un tornado, portandolo a girovagare per l'Italia mettendosi al servizio ora di questa ora di quella armata di volontari: partecipò alla difesa di Vicenza, Treviso, Venezia, fu poi a Milano, l'anno successivo era nella Bologna assediata dagli Austriaci. Dopo la sconfitta di Novara e l'abdicazione di Carlo Alberto, riparò a Genova, dove maturò un radicale cambiamento di posizioni.

Nel corso dei due anni precedenti aveva conosciuto Mazzini e Garibaldi, frequentato socialisti e repubblicani, e nello stesso tempo vedeva naufragare le speranze di rendere indipendente e unita l'Italia sotto la tiara papale, men che meno tramite l'aiuto della corona torinese. Per di più, Vincenzo Gioberti, fino a quel momento il suo faro ideologico, aveva ricoperto l'incarico di primo ministro sardo con un contegno che i liberali giudicavano degno d'un traditore.

Se aveva bisogno di ulteriori pungoli a sposare le tesi più radicali, ci pensò l'autorità sabauda: inaugurando una serie di persecuzioni che sarebbero durate decenni, nel 1850 lo arrestò a Genova con l'accusa di essere l'anonimo autore di un articolo contro Carlo Alberto.

Per il momento se la cavò con un confino di breve durata, ma tanto bastò a rinsaldargli nella mente la convinzione che aveva maturato: l'Italia andava fatta, ma senza il Papa né i Savoia. Alberto Mario era divenuto saldamente repubblicano.

Erano gli anni del travaglio interno al movimento unitario. Cavour iniziava a piazzare le pedine per arrivare all'unificazione con il sostegno della Francia di Napoleone III, e i patrioti si dividevano fra chi era disposto al compromesso pur di raggiungere lo scopo e chi non intendeva piegarsi. Mario – come Mazzini – era fra gli intransigenti. "La monarchia (*piemontese, ndr*), non essendo nazionale, non avendo origine, genio, interesse, storia, tradizioni nazionali, non può cessare di essere sarda o sia provinciale" scriveva in quel periodo criticando l'adesione di Garibaldi al progetto sabaudo[2].

Ma era quella la direzione in cui spirava il vento. Il Piemonte acquistava sempre più punti di prestigio a livello internazionale, si era ormai accaparrato l'amicizia della Francia e aveva tutto l'interesse di perseguitare i repubblicani. Nel 1857 Alberto Mario, nello stesso periodo in cui naufragava la spedizione mazziniana di Pisacane, era nuovamente arrestato assieme alla sua compagna, l'inglese Jessie White.

Prudentemente si allontanò dall'Europa, e nel frattempo andavano facendo l'unità senza di lui: la Seconda Guerra d'Indipendenza, il trattato di Villafranca, i plebisciti per l'annessione al Piemonte dei regni del centro-nord. Ma quando Mario tentò il ritorno in patria, la patria dimostrò non gradire la sua presenza: fu ancora arrestato, incarcerato a Bologna e gentilmente scortato in Svizzera dai gendarmi. Nasceva l'Italia, ma l'Italia non lo voleva con sé.

A Lugano – che sarebbe divenuto il suo rifugio abituale – arrivò a una conclusione drastica: bisognava completare il processo di unificazione con uno slancio di popolo, una manifestazione volontaria che sminuisse il ruolo dei Piemontesi e facesse l'Italia senza l'aiuto dello straniero. Per questo motivo

---

[2] citato in A.Spallicci, *Alberto Mario*, Milano 1955, p. 94.

l'unica via era far partire la *rivoluzione* il più lontano possibile da Cavour: cioè dal Regno delle Due Sicilie. "Mi fò frate piuttosto che combattere per il vostro re" pare avesse detto a Mazzini "Bisogna andare in Sicilia per rovesciargli l'Italia addosso"[3].

Illusioni? Probabilmente sì, come i fatti successivi dimostrarono. Alberto Mario e tanti come lui si unirono a Garibaldi nella speranza di fare l'Italia per l'Italia e non per conto di qualcuno. Sognavano di risalire da sud tutta la penisola, e prima dell'inverno essere già a Roma, poi in Veneto, poi a Trento. E poi chissà! Quando si sogna non esiste un limite: instaurare a furor di popolo la Repubblica? Il Socialismo? Cos'altro?

Le illusioni impiegarono poco a crollare. Il nostro, impigliato nei soliti problemi con la polizia piemontese, non aveva fatto in tempo a imbarcarsi con la prima spedizione garibaldina da Quarto. Si unì a quella guidata da Medici subito dopo la presa di Palermo, e da qui in poi rivestì un ruolo di notevole rilievo nella campagna di guerra, come racconta bene in questo libro e come lasciamo volentieri al lettore di scoprire. Ma davanti alle mura di Capua i sogni erano bruscamente crollati. Nell'autunno 1860 l'esercito piemontese arrivava in tutta fretta in Campania, spinto dai timori di Cavour che fosse troppo tardi per fermare la rivoluzione e strapparle i frutti. I garibaldini erano messi da parte, troncata ogni speranza di proseguire per Roma e Venezia; Garibaldi, esautorato di ogni potere, se ne era tornato nella sua isoletta.

Tutto sommato l'Italia era fatta, si sarebbe potuto dire. Ma quale Italia?

Alberto Mario dovette accorgersi presto che i suoi timori erano fondati. Subito dopo l'unificazione si trasferì a Ferrara; ma un editto di polizia pretese di allontanare dalla città gli *esuli veneti*, per prevenire sconfinamenti nel territorio asburgico e incidenti diplomatici con l'Austria. Invano Mario protestò di rifiutare quel genere di imposizione, di voler essere ormai considerato un italiano e non un *esule veneto*; arrestato per l'ennesima volta, dovette piegarsi alla proibizione di risiedere in località di confine.

Il paese che vedeva nascere non era quello che aveva sempre sognato; e attorno a sé non trovava che gente insoddisfatta: una centralizzazione illogica e autoritaria, che in molti casi spazzava via buone leggi per sostituirvi quelle piemontesi più antiquate; una polizia oppressiva al pari di prima contro il libero pensiero; l'esercito inviato in massa nel meridione per reprimere il brigantaggio. "Il paese è malcontento perché cercava fratelli e trova dominatori" ne concluse amaramente[4]. Nello stesso periodo – guardato a vista dalla polizia – rifiutò la

---

[3] A.Spallicci, *op. cit.*, p. 136.

medaglia che ipocritamente voleva dargli quello stesso Stato che lo perseguitava. Invece si recò a Caprera, a tentare inutilmente di convincere Garibaldi che la rivoluzione aveva fallito e andava ripresa; che il Dittatore tornasse a Napoli, riprendesse il potere, conquistasse Roma e Venezia, proclamasse la Repubblica; c'era bisogno di varcare nuovamente il Rubicone.

Bellissimi sogni. Quando il Nizzardo si decise finalmente a riprendere la strada, dovette accorgersi di quanto duro fosse riuscire in un'impresa senza gli appoggi diplomatici dell'Europa: bastò una fucilata in Aspromonte a fermare le camicie rosse.

Alberto Mario, tra l'altro, non poté partecipare. Il motivo? Il consueto: colpito da un mandato di cattura, si era dovuto rifugiare in Svizzera, costretto a masticare amaro assieme ai suoi amici mazziniani e repubblicani: "Tutte le battaglie combattute finora hanno fruttato ad esclusivo beneficio di Casa Savoia e dei suoi campioni, non perché Mazzini o Garibaldi o i loro seguaci a questo mirassero, ma perché essi alla repubblica e all'Italia divisa preferirono l'Italia una anche sotto Casa Savoia"; la parola d'ordine sarebbe dovuta essere invece "Libertà prima dell'Unità"[5].

Rientrato in patria, scoprì di essere stato a sua insaputa eletto deputato nella circoscrizione di Modica. Rifiutò l'incarico con una lettera aperta che non fece che procurargli altri guai: subì un processo – peraltro vinto – in seguito a un passaggio in cui diceva "Mi ripugna invincibilmente di giurar fede a chi versò il sangue di Garibaldi".

Dopo aver tanto combattuto, insomma, si ritrovava una sorta di straniero in patria, costretto a patteggiare di continuo, elemosinare spazi di libertà di espressione, e allo stesso tempo voglioso di continuare a lottare per completare la tanto desiderata redenzione della patria. Primi obiettivi fra tutti, quelli che l'incontro di Teano aveva bruscamente rimandato: Roma e Venezia.

Per quel che riguarda Venezia, il nostro combatté, con un ruolo più che secondario, alla guerra del 1866. E poté alla fine ritornare al suo paese natale, anche se rosso di vergogna per aver ricevuto il Veneto in dono da una potenza straniera e non averlo liberato con le proprie forze.

A Roma cercò di arrivare due anni più tardi al seguito delle rinate camicie rosse; e fu coinvolto nel disastro di Mentana, al fianco di un Garibaldi abbandonato da tutti, fuggiasco in terra ostile (quasi un Guevara in Bolivia *ante litteram*) e quasi desideroso di essere ucciso piuttosto che subìre una tale umiliazio-

---

[4] A.Spallicci, *op. cit.*, p. 244.
[5] A.Spallicci, *op. cit.*, p. 304

ne. Mario nella Città Santa poté recarsi solo nel 1870, alle spalle dell'esercito savoiardo; ma non era la stessa cosa.

Non restava che gettarsi a capofitto nello studio e nella scrittura, con una passione inalterata rispetto agli anni della gioventù, che ancora gli faceva vagheggiare un giorno la rivoluzione antimonarchica; finché un tumore non lo portò via nel 1883.

Questi brevi cenni di una vita più che notevole bastano a capire con quale animo il nostro potesse riandare al periodo della spedizione nelle Due Sicilie, e siano da spiegazione al carattere particolarissimo di questa opera. La quale – occorre dire in primo luogo – è non un semplice memoriale, ma un vero e proprio romanzo, in cui il Mario dimostra un'abilità fuori dal comune: uno stile asciutto, essenziale, una capacità che è di pochi nel selezionare eventi e dialoghi; in definitiva una lettura che ci è parsa molto piacevole. È un grande romanzo d'avventura, con in più una caratteristica peculiare, che ha fatto sì che fosse messo un poco in disparte nel mare delle testimonianze garibaldine: il suo profondo pessimismo. Resoconto di una rivoluzione troncata sul più bello, *La Camicia Rossa* è una ricostruzione venata di malinconia quasi a ogni pagina, il cui sottotesto è un continuo *quel che poteva e non è stato*. Non è una lettura consolatoria, tutt'altro.

Per questo motivo poco si poteva prestare a concorrere alla memoria ufficiale del Risorgimento. Se la pillola da far mandare giù era quella di un'idilliaca collaborazione – tutt'al più con qualche screzio – tra grandi figure di patrioti, a costo di mettere accanto nei santini nazionalisti persone che si odiavano profondamente come Mazzini e Cavour; se l'immagine da consegnare ai posteri era quella di un paese redento e soddisfatto (con l'eccezione di pochi reazionari al sud, tanto pochi che per mantenere un minimo di ordine pubblico ci volevano metà dell'esercito e la legge marziale); se l'idea da inculcare era quella di un Piemonte avanzato che generosamente dona il Progresso a regioni infelici strappate dalle tenebre del medioevo; a cosa poteva giovare un'opera simile? Con dialoghi come il seguente:

– E se noi non diamo retta a questi segni augurali (…) perderemo la battaglia contro il re sardo.
– Contro il Borbone, tu vuoi dire!
– No no, contro il sardo, il quale venne qui per fare la guerra a noi.

E questo ci riporta all'incontro di Teano e al racconto che ci fa Alberto Mario.
Il giorno seguente, la moglie Jessie, che si occupa delle ambulanze, avvicina Garibaldi e gli chiede disposizioni. Il Dittatore risponde che i suoi feriti sono

rimasti sull'altra sponda del Volturno. I presenti non capiscono il significato di quell'espressione sibillina. Allora Garibaldi, con la tristezza e la rassegnazione dipinte in volto, spiega:

– Signora, ci hanno messo alla coda.

LA CAMICIA ROSSA

CAPITOLO I

IL PONTE INVISIBILE

Fra i grati ricordi del contatto personale col liberatore delle Due Sicilie, veruno mi si affaccia così vivido alla memoria, come le mattutine passeggiate a cavallo nelle vicinanze di Palermo sino alla battaglia di Milazzo.

Erano giornaliera occupazione del dittatore comporre l'esercito, provvedere alla cosa pubblica, aggiustare querele municipali, temperare il troppo zelo degli amici, accorciare i panni degli avversari politici, ond'egli, faticato da sì svariate cure, dalla ressa di tanta gente, dal rumore di sì diverse favelle che ponevano a severissima prova la sua natura semplice e amante di solitudine, coricavasi di buon'ora. Ma l'aurora rivedevalo sempre fresco e con faccia serena. Una tazza di caffè e a cavallo.

Una mattina abbiamo visitato il forte di Castellammare, che il popolo, esecutore d'un decreto dittatoriale, demoliva allegramente, incoraggiato dai preti, i quali gli dimostravano nel papa l'anticristo, nei Borboni una banda di sicari, in Garibaldi il messaggiero di Dio. Quel forte, terrore di Palermo, come Sant'Elmo di Napoli, spariva alla parola del liberatore, quasi gigante di neve al sole. Centinaia di mani gagliarde disfacevano i baluardi, le caserme, i magazzini e le paurose carceri, ove giacquero tanti patrioti, e dianzi di ostaggi del 6 aprile.

– Eppure si afferma che questi popoli meridionali sono indolenti! disse Garibaldi, fermando il cavallo davanti al lato del castello che prospetta la città.

In quelle cotidiane peregrinazioni, i più frequentemente visitati furono i conventi femminili che popolano i dintorni della città.

La figura leggendaria di Garibaldi aveva accesa la fantasia delle monache palermitane, le quali ne diventarono santamente innamorate. Ogni giorno comparivano alla residenza del Generale copiosi doni di canditi, di cotognate, di buccellati, di bocche di dama, adorni di filigrane, di nastri ricamati e d'ogni qualità di minuti lavori monacali. Una letterina pia, ed anche uno zinzíno erotica, accompagnava il dono. Eccone una: "A Te, Giuseppe, eroe e cavaliere come san Giorgio, bello e dolce come un serafino. Ricordati delle monache di ..., che t'amano teneramente, e pregano santa Rosalia che ti faccia beato nel sonno e nella veglia". Una mattina visitammo il convento di ..., fuori di Porta Nuova. Le monache, preavvertite, prepararono una colazione coi fiocchi. La paziente industria del chiostro, nella più svariata confezione di dolci, brillò sulla ricca mensa. Castelli di zucchero, torri, tempietti, cupole di zucchero, e nel centro la statua di Garibaldi di zucchero. La mensa aveva l'aspetto di un bazar.

All'eccezione d'alquante attempatelle e di qualche rara vecchia, le monache erano giovani e di famiglie nobili. Ci attendevano nel refettorio, ove fummo condotti dalla badessa, che ricevette il dittatore al vestibolo del monastero. Entrato questi nel refettorio, le tosate vergini gli si affollarono intorno ansiose e commosse. La fisonomia sorridente e soave del glorioso capitano e i modi compiti del gentiluomo, le ebbero immediatamente affidate. – Come somiglia a nostro Signore! sussurrò una di loro all'orecchio della vicina. Un'altra, nel calore dell'entusiasmo, gli prese la mano per baciargliela; egli la ritrasse, ed ella, abbracciandolo vivamente, gli depose quel bacio sulla bocca. La coraggiosa trovò imitatrici le compagne giovinette, indi le più mature, e finalmente anche la badessa, a tutta prima scandalizzata. Noi si stava a guardare!

Nel corso di un mese si visitarono quasi tutti codesti conventi e gli stabilimenti pii. E non fu sempre argomento di zuccheri e di baci. Il Generale aveva in mira di penetrare i misteri sin'allora inviolati di quelle antisociali clausure, di scoprire impuniti disordini, ignorati patimenti e di rimediarvi. Molte fanciulle, immolate dall'avarizia dei parenti, o sviate da un passeggero ascetismo, o vinte nella lotta di più umani affetti, trovarono in lui la provvidenza riparatrice. Mai lo vidi sì profondamente turbato come durante la visita ad un ospizio di trovatelle. Egli udì dal loro labbro la pietosa istoria dei supplizi cotidiani: – Il pane infetto, i cibi scarsi, la mondizia negletta, il non loro peccato rinfacciato. I volti sparuti di quelle dolorose, le dilatate pupille, le misere vestimenta, spandevano sinistro lume di verità sulla loro patetica eloquenza. Il Generale, in mezzo a quelle poverette che gli si aggrupparono intorno stringendogli le ginocchia, le mani, la spada, piangeva al loro pianto, e veruno di noi rimase a ciglio asciutto. E quando i guardiani brutali tentarono di scusarsi, uno sguardo terribile di lui li ridusse muti e tremanti. Lasciati due de' suoi aiutanti per investigare e riferire, ei rimontò in sella taciturno. Giunto a Porta Nuova piegò a sinistra e, percorrendo la strada del pomerio, si diresse alla piazza d'armi, che apresi all'occidente della città sino ai piedi del monte San Pellegrino, ed entrò nell'ombroso giardino reale della Favorita. Al rullo del tamburo e alla voce *Galibardo, Galibardo*, in un baleno sbucò dai cespugli e schierossi lungo il viale uno schiame di ragazzi, in camicia rossa di cotone, coi gomiti laceri, quale calzato e quale no, e quasi tutti senza berretta. Appena conquistata Palermo, Garibaldi ordinò ad un suo vecchio commilitone di Montevideo di raccogliere quanti fanciulli poveri potevagli venir fatto, e di addestrarli negli esercizi militari.

Era l'ora del riposo, epperò dal sollione di piazza d'armi essi ritraevansi a quella frescura. Il maggiore Rodi, che lasciò la mano sinistra a Montevideo e gliene sostituì altra di legno, galoppando sulla fronte della brulicante legione gridava: – Allineamento a destra: fissi! – Poi trattenuto il cavallo davanti a Garibaldi così parlò: – Generale, condussi cento barbieri alla spiaggia, faticosamente pescati nella città e nei dintorni, e stamane feci tosare tutti costoro. Indi li feci tuffare in acqua. Nuotano come pesci! Ora sono puliti, e si può avvicinarli senza pericolo. A quest'ultime parole il Generale proruppe in uno scoppio di risa. Poscia dimandò:

– Quanti sono?

– Quasi duemila; e, profittando del lieto viso del dittatore, Rodi soggiunse: colla paga di tre tarì, in una settimana avremo tutta la figliuolanza di Palermo.

– Il mio intendente generale si rammarica di questa spesa.

– Ma ne caveremo dei bravi soldati in un batter d'occhio, Generale. E, come saggio del loro progresso, il maggiore fece eseguire alcuni movimenti.

Frattanto il Generale, volgendosi a me: – Questi poveri ragazzi, esclamò, non sanno leggere, né scrivere. Vorreste assumervi di fondare una scuola militare per essi?

– Volentieri, Generale.

– Sta bene, ne riparleremo dimani al padiglione.

Io stesi, per sommi capi, un disegno d'Istituto militare, unico per tutta la Sicilia, gratuito e capace di tremila allievi, nello scopo di sottrarre, con una educazione virile, le giovani generazioni dell'isola all'ignoranza profonda, sistematicamente mantenuta dal governo borbonico. E l'indomani, verso il tramonto, andai al padiglione per sottoporlo al dittatore.

Un ampio terrazzo, annesso alla reggia dei Normanni, forma l'ala sinistra di quel complesso multiforme d'edifizi che appellasi palazzo reale, all'estremità orientale di Palermo. In capo al terrazzo, isolato e superbo sorge un padiglione costrutto sovra la Porta Nuova. Lo abbelliscono due loggie; l'una all'ovest e infila via Toledo, l'altra all'oriente e le s'incurva dianzi l'emiciclo di Monreale, la *conca d'oro* dei poeti. Su due ordini concentrici di balaustri elevasi la cupola con figura di piramide tronca foderata di zinco, e sul vertice una lanterna, la cui punta vince la maggiore altezza del palazzo. L'interno componesi d'una sala ampia e di due stanzuccie oblunghe e disadorne. Era stanza da letto di Garibaldi quella che guarda Monreale, abitava la seconda il suo segretario privato. Gli aiutanti di guardia occupavano quattro letti collocati agli angoli della sala e celati da paraventi.

Trovai il Generale in colloquio con un commodoro della marina americana, ond'io m'accostai ad uno dei vari gruppi mescolati di uffiziali garibaldini, della marina sarda, della inglese, della americana, e di eleganti signore che verso il tramonto convenivano a lieti ragionamenti sulla terrazza o alla galleria occidentale.

Il mese di giugno e parte di luglio del 1860 scorsero lassù inalterabilmente abbelliti dal sorriso della vittoria, dai racconti delle nuovissime maraviglie, dalla magnificenza del sito, dalla voluttà ch'effondeva l'alito periodico dei sottostanti giardini, dal viso raggiante del vincitore di Calatafimi, dalla fiducia illimitata nell'avvenire. Garibaldi in quel padiglione era un mago. Si parlava dell'entrata in Roma, di passaggio per Napoli, e dell'espugnazione di Verona come di cose indubitabili prima dell'inverno. Il luogo, il tempo, gli eventi producevano una specie d'estasi deliziosa che ravvicinava le distanze e trasfigurava le cose. Vidi uffiziali inglesi partecipare a quelle emozioni, a quelle illusioni, al pari delle più ardenti signorine di Palermo.

Ed anche adesso[1], benché il disinganno di quattro anni abbia spazzato via con ala inesorabile fede e speranza, ci sono momenti nei quali mi sembra di sedere sul terrazzo incantato, credendo nella realtà di quell'avvenire che di lassù aprivasi allo sguardo.

Ivi incontrai il maggiore Mosto, comandante dei carabinieri genovesi, e mentre gli raccomandavo di aggiungere alla sua schiera come semplice soldato il capitano Ungarelli ferrarese, il caporale di guardia mi annunciò che otto giovinotti di mia conoscenza bramavano di parlarmi. Risposi li facesse passare.

Avanzavansi con passo vacillante, a guisa di convalescenti, squallidi le vesti e l'aspetto. La barba rasa da alquanti giorni, crescendo uniforme, faceva risaltare il malaticcio pallore del loro volto di venticinque anni, anzi tempo alterato dai solchi della vecchiaia che in quell'età sono i segni di lunghi tormenti e di angoscie profonde; gli occhi erravano incerti o si affisavano senza guardare, e pareva che il pensiero affievolito non avesse più virtù d'illuminarli. Io non ne ravvisai un solo, e dissi sottovoce a Mosto: – Non li conosco.

Accostatisi e vedutomi, notai un subito rianimarsi delle loro fisonomie come all'incontro di persona amica; io stetti sospeso in atto; ed essi: – Non ci riconoscete più? esclamarono con accento velato dalla commozione e un po' forse dal dispetto per la mia freddezza inattesa. Siamo tanto mutati? La vostra sposa ci raffigurò immediatamente e ci ha diretti qui a voi. – E *voo scià*, proseguì uno di loro volgendosi al maggiore genovese, avete dimenticato Pezzi, che *scio Carlo* chiamava Sant'Andrea? Mosto sentì rimescolarsi, e cangiò colore non al nome di Sant'Andrea, ma a quello di Carlo, suo giovine fratello caduto a Calatafimi.

Veniamo, altri soggiunse, dalle galere di Favignana. Il 22 luglio del 1857 ci stringeste la mano quando accompagnaste Pisacane a bordo del *Cagliari* nel porto di Genova, e ci diceste: – A rivederci fra poco. Passarono tre anni; ora ...

Trasalii a tali parole, ogni sillaba delle quali fu un getto di luce, e interrompendoli mi gettai in mezzo a loro, li abbracciai tutti ad una volta, e come meglio

---

[1] 1864 [Nota dell'A.]

mel consentivano l'agitazione, la gioia, la maraviglia, il rossore, li nominai ad uno ad uno e proruppi: – Vivi, ancora vivi! E da capo strinsi loro la mano e li assicurai collo sguardo, colla voce e col sorriso dell'allegrezza. Poscia ricominciai:

– Ma non siete tutti! Dov'è B...?

– Cadde nel conflitto di Sanza.

– E i fratelli F ...?

– Furono trucidati dagli abitanti di Sanza.

– E G ...?

– Morì di consunzione in carcere.

E chiesi d'altri assai; e di tutti riseppi la tragica fine, o per mano dei contadini, o delle truppe di Ferdinando II, o dei manigoldi. Chiesi in fine se qualcuno di loro avesse veduto cadere il colonnello Pisacane. E veruno lo vide, e ciascuno ne parlava con diverso racconto. Il modo della morte, purtroppo indubitabile, di quel valoroso rimane tuttavia e forse rimarrà un'incognita.

– Or bene, ripigliai, in che posso aiutarvi?

– Vi domandiamo due cose: ottenteci di appartenere al corpo dei carabinieri genovesi, e presentateci a Garibaldi.

– Il maggiore Mosto, che qui vi ascolta, ne è il comandante.

Alzata la destra alla berretta gli fecero il saluto militare, indi si atteggiarono sul *guarda voi*. Mi apparvero tutt'altri da coloro di poco innanzi: il patriottismo, l'ardore guerriero e la speranza avevano visibilmente rinnovellate quelle membra affrante.

– Sarò orgoglioso d'avervi compagni, disse il maggiore accarezzandosi la lunga barba; ma le catene e le sventure vi fiaccarono la salute. Non reggerete alla prima tappa.

– Provateci, rispose un d'essi con rispettosa fierezza.

E un secondo: – Tagliata la corda che c'incurvò a guisa d'arco, ci raddrizzammo come prima.

E un terzo: – Giudicateci dall'animo e non dalla magrezza.

A cui il maggiore: – Sapete maneggiare la carabina di precisione?

– Sappiamo; e ancor più la baionetta.

Alle categoriche risposte il maggiore non ebbe di che replicare e li accettò nella sua piccola falange, la più segnalata fra i Mille.

Il dittatore, appoggiato al parapetto della galleria, contemplava affettuosamente Enrico Cairoli, giovinetto pavese che aveva la fronte forata da una palla di Calatafimi, e un semplice O di panno proteggeva lo scoperto cervello. M'avvicinai e gli dissi che i superstiti compagni di Pisacane desideravano di stringergli la mano. – Fateli venire, ci rispose con vivacità; quanti sono?

E in così dire mi seguiva nella sala.

Gli otto, presagli la mano, lo divoravano con gli occhi, che in un attimo si bagnarono di lagrime, e le loro labbra tremanti non seppero articolare un solo detto.

– Ecco, sclamò egli voltandosi a me, ecco in epilogo la filosofia della storia: noi che la fortuna favorì colla vittoria abitiamo in palazzi reali. Questi prodi, perché vinti, vennero sepolti nei sotterranei di Favignana. Eppure la causa, l'impresa, l'audacia furono identiche.

– Forse il tempo non fu così bene scelto, io osservai, e certo la popolarità del capo non così grande.

– I primi onori a Pisacane precursore, e a questi bravi nostri pionieri, ripigliò il Generale posando amorevolmente la mano sulla spalla del più vicino.

Lo sguardo di lui, il suono della voce, la sua non avara ammirazione pel loro capitano adorato parve infondessero nuovo sangue nelle vene di quegli afflitti. Le traccie dell'atmosfera del carcere scomparvero. Eglino si sentirono uomini e soldati ancora una volta.

Garibaldi, ideologo talvolta per diletto, ma pratico sempre per istinto e per perizia dei casi del mondo, comprese che nel pallore di quei visi l'appetito c'entrava per qualche cosa, e che, se i conforti dello spirito furono necessari, un paio di polli arrosto e una bottiglia di Marsala non sarebbero stati inutili. Ordinò pertanto che si apprestasse loro una refezione e li gratificò di qualche scudo.

Dopo il silenzio d'alcuni minuti, il Generale, ritiratosi nella propria stanza, mi fece di lì a poco chiamare. Egli giaceva sul suo letticciuolo di ottone, il gomito sinistro appoggiato al guanciale e il capo alla mano. A piedi del letto c'era un tavolino quadrato ripieno di carte, che servivagli da scrittoio, all'angolo opposto la catinella e la brocca; sul dosso d'una sedia il *recado*[2], indi un cassettone con suvvi una scatola di sigari; lo scudiscio che consiste in una striscia di pelle nera rotolata dall'uno dei capi a forma di manico; un piccolo specchio, il cappellino, il fazzoletto di seta che suole portare sulle spalle; la sciabola a canto del letto, e nell'angusto spazio fra questo e il cassettone, due sedie.

– Sedetevi, dissemi, e fumate. La scatola costà sul cassettone contiene sigari di Nizza. Fumate di quelli. Essi sono, soggiunse con mestizia, la sola cosa che mi avanza della mia povera Nizza. E in questo dire, secondo il costume poco rovinoso dei Genovesi, accendeva il solito mezzo sigaro. Io tacqui per non turbare con inutili invettive la santità del suo dolore.

– Bisogna provvedere, sapete, a codesti bravi ragazzi.

– Generale, hanno chiesto di appartenere al corpo dei carabinieri genovesi, e Mosto li ha accettati.

– Davvero? sempre i soliti straccioni! Dopo una pausa ripigliò: avete steso il progetto per la vostra scuola?

---

[2] Sella americana che in campo si svolge in piccolo letto [Nota dell'A.]

Glielo presentai; egli lo approvò; anzi volle l'Istituto capace di seimila allievi.
– Organizzatelo senza indugio, conchiuse con piglio contento.
– Sì, generale, a patto che l'opera mia sia gratuita, e che io vi segua quando risalirete in sella ...
– Dunque fate presto.
– Per far presto, Generale, bisogna ch'io non dipenda dai ministri, ma da voi direttamente.
Senza replicare egli scrisse di suo pugno il seguente ordine:
Comando in capo dell'esercito nazionale.
Palermo, 24 giugno 1860.
«Il signor Alberto Mario è da me autorizzato ed incaricato dell'organizzazione del Collegio Militare. A tale oggetto gli saranno somministrati i mezzi necessari.
G. Garibaldi».

Munito di questa illimitata autorità, feci dichiarare, con decreto dittatoriale, pertinenza dell'Istituto l'ospizio dei trovatelli, fabbrica grandiosa e acconcia al mio uopo, con un reddito di 17.000 ducati. I sessanta trovatelli furono cambiati in allievi dell'Istituto. Dalla materia prima, che il maggiore Rodi manipolava in piazza d'armi, estrassi il primo battaglione di mille giovani dai quattordici ai diciassette anni. Cominciata subito per costoro la clausura, cessò la paga dei tre tarì. Il dittatore mi confortava d'uffiziali egregi della schiera dei Mille; e tra i volontari affluenti dall'alta Italia parecchi giovani, o ingegneri, o avvocati, o giudici, o ancora studenti di università venuti in Sicilia per combattere, molto virtuosamente mi si proffersero nell'increscioso e umile officio di bassiuffiziali. I ragazzi da educarsi, pronti di mente e generosi, ma semi-barbari e insofferenti di legge, non potevano essere domati che dall'energia intelligente.
Gettate le basi d'un sistema completo d'istruzione militare elementare, riserbai ad altro tempo la superiore. Percorsa la carriera fissata, gli alunni per esame sarebbero usciti bassuffiziali o sottotenenti. Condizioni per entrarvi, fede di nascita e fede medica. Le scuole vennero aperte immediatamente, e nel giro di una settimana agivano in piena regola. Le manovre, la ginnastica, la scherma, il bersaglio, gli studi, la fermezza, le buone maniere e l'esempio dei capi trasformarono a vista d'occhio quei monelli di Palermo in fieri e compiti alunni.
Affidai il comando del primo battaglione al maggiore Rodi. Vissuto lunghi anni nelle foreste americane, in lotta perpetua colla natura e coi soldati di Rosas, contrasse un po' le sembianze d'uomo selvaggio in certi lampi dello sguardo, in certi moti combinati di raggruppamento e di slancio, che ricordavano il balzo della fiera, in certi gridi acuti come quei degli abitanti dei Pampas. Guadagnatisi gli spallini di maggiore dagl'infimi gradi a furia di prodezze, non era in molta confidenza coi libri e con le penne.

La paterna tenerezza di lui pei suoi *piccoli diavoli*, siccome ei li chiamava, toccava il cuore, benché non troppo proficua alla disciplina.

Sui rapporti serali dei capitani essendo io obbligato di condannare agli arresti, per tre, per cinque o per dieci giorni parecchi di costoro, il maggiore agitavasi, e la sua mano di legno urtava nella sciabola, volendo accennare all'accusatore di tacere. Faceva segni cogli occhi, tossiva, si soffiava il naso.

– Maggiore, vi prego...

– Sono agli ordini, signor comandante, volevo dire..., poveri ragazzi..., dieci giorni di prigione..., fa tanto caldo..., per questa volta... Ma (alzando la mano di carne alla berretta) chiedo scusa.

Un giorno, visitando la prigione, lo sorpresi in atto di porgere agli arrestati ciambelle infilzate nella punta della spada.

– Signor comandante, egli fece alquanto imbarazzato, stavo riducendoli alla ragione.

– Colla punta della spada?

– Avevo in tasca una chicca: che vuole! i Siciliani sono ghiotti di caramelle.

Entrato nel carcere, scopersi che avevano scassinata la porta e apprestata la fuga.

– Sa, comandante, osservò il maggiore con aria di lumeggiare il lato estetico dell'attentato, che ci volle una bella forza a smuovere questa porta; sono gagliardi come beduini codesti capi ameni! E, nell'enfasi dell'esclamazione, dava uno scapezzone a quell'uno che gli stava più vicino. Io ordinai che fossero incatenati. Nell'udire la spietata parola in suono che non consentiva replica, il maggiore impietrò. Mandai a rinforzare il posto di guardia ed uscii. Egli mi seguì in silenzio. Nel varcare la soglia si rivolse ai detenuti, e coi denti stretti e le labbra socchiuse alzò contro di loro il pugno. Io lo vidi con la coda dell'occhio, ed egli assettandosi la tunica e atteggiandosi a severità, con voce grossa e con faccia burbera, ingiunse alla sentinella di guardarli a vista. Indi, ammiccato il caporale di picchetto, gli commise di rasserenarli con un residuo di caramelle che levossi di tasca e gli porse di sottecchi. Se non che il caporale, tenero della legge e dell'ordine, credette dover suo di mangiarsele.

Del resto, il maggiore Rodi era valente istruttore, e in piazza d'armi inesorabile e fulmineo. In un mese il suo battaglione manovrava come un corpo di veterani; e gli venne fatto di rendere mansuete quelle nature vulcaniche col fascino della bontà, che lampeggiava sul suo volto abbronzato a guisa di vene d'oro in quarzo.

Avvezzi alla libertà vagabonda, avidi del denaro, e beati a un tempo di darlo ai parenti bisognosi, i quali prudentemente aggiravansi a poca distanza per ritirarlo, appena distribuito, quei ragazzi trovavano insopportabile la clausura, insopportabile ancora più e ingiusta la perdita dei tre tarì. Ripensando che altri mille dei loro amici avevano la libertà e i tre tarì, studiavano la fuga.

L'edificio dell'Istituto ha figura di un vasto rettangolo che abbraccia il cortile. La cucina, il refettorio, i magazzini, la cancelleria, le scuole al primo piano, al secondo i dormitori. All'appello del mattino mancavano or otto, ora dieci alunni. Nottetempo, arrampicandosi sulle spalle l'uno dell'altro, sino alle elevate finestre delle sale, annodate coperte e lenzuola, senza badare al pericolo di fiaccarsi il collo, calavansi sulla strada e rimessi i cenci di casa correvano all'alba fra i compagni di piazza d'armi a ripigliarsi i tre tarì. Immediatamente raccolsi e chiusi nel monastero di San Polo quei mille, accelerando l'ordinamento del secondo battaglione. Tolta l'esca della paga, fu rimossa la causa della fuga. Per maggiore sicurezza affidai la guardia dell'Istituto a un picchetto di soldati della brigata Dunne, e collocai sentinelle agli angoli esterni dell'edifizio. Il colonnello Dunne, inglese, apprestava una brigata di Siciliani, e sentendo imminente l'azione, industriavasi di colmare, come meglio gli poteva riescir fatto, le larghe lacune dei suoi quadri. Adagiato su una scranna nella spianata vicina all'Istituto, in soprabito di seta cruda, fumando una pipa turca, esercitava le sue genti all'armi, che per bizzarria vestì d'assisa bianca. Egli sedeva al centro ed esse movevangli in giro a modo di ridda. Dunne guardava con occhio lucente l'infiorescenza primaverile del mio primo battaglione, l'aria marziale, la precisione dei movimenti, il precoce sviluppo fisico di quei giovinetti. – Cari ragazzi! esclamava. Quanto sono contento di cooperare anch'io col mio picchetto di custodia allo incremento di questa gemma d'istituzione! – Per manifestargli la mia simpatia, una mattina, ritornando col battaglione dalle manovre, ordinai alla banda di suonare il *God save the Queen*, e al mezzodì, nel rilevare il posto, egli mandò il picchetto doppiato. Era una gara di cortesie. Nonostante mi mancavano sempre nuovi ragazzi, benché sapessi di certo che nessuno fosse più sceso dalle finestre. Un dì a caso ne ravvisai uno, nuotante entro un'assisa bianca fra i soldati di guardia.

– Come sei qui? gli domandai maravigliato.

Arrossato e confuso ei rimaneva senza parola.

– Come fuggisti? parla, ripigliai con voce imperativa e scuotendolo per la pistagna.

– Signor comandante, i soldati di milordo mi hanno detto che col signor milordo sarei andato alla guerra fra poco, e un di loro mi condusse in caserma.

– Quanti fuggirono?

– Molti, ma non so il nome di tutti.

Io tenevo d'occhio le finestre, ed eglino, sogghignando, se la svignavano per la porta. Licenziai il picchetto, e il colonnello, nella probabile persuasione che quei *cari ragazzi* se ne fossero iti a lui in piena regola, me ne restituì alcuni. Gli altri avevano mutato norme. Quind'innanzi cessarono le evasioni: gli alunni cominciarono a capacitarsi che un tempo avvenire, ben altrimenti del recente passato, onorevole e rispettabile stava loro dinanzi, e l'Istituto procedeva alacremente e prosperava.

Incalzato dalle necessità del tempo, risoluto di partire con Garibaldi, non risparmiai fatiche e diligenze. Vedevo e constatavo ogni cosa di per me. Assistevo alle manovre, alle prove della banda musicale, alle lezioni dei professori; verificavo le provvigioni di cucina, saggiavo i cibi, vegliavo alla pulitezza delle mense e delle stoviglie, all'esatta quantità delle razioni, alla salubrità dell'edifizio e all'igiene. Sopraintendevo all'opera degli architetti e dei muratori nella riforma delle case appartenenti all'Istituto. Visitavo conventi e pubblici edifizi, per farne scelta, in vista dei seimila alunni. Mercé dei pieni poteri, provvidi largamente i magazzini d'ogni suppellettile militare. Organizzai l'amministrazione in guisa che nel maneggio del denaro, stante un reciproco sindacato, ci fossero le maggiori guarentigie. Feci arrestare un uffiziale pagatore che sorpresi nella colpa, il quale fu condannato a dieci anni di galera. All'infuori di questo fatto, fuvvi una emulazione di onestà, di abnegazione, di buon volere.

Per proteggere l'Istituto dalle possibili ostilità del governo che dovea succedere alla dittatura, lo denominai *Istituto militare Garibaldi*. Ed anche presentemente si legge sul frontone dello stabilimento codesta iscrizione. L'Istituto fu rispettato. Ed oltre il nome di Garibaldi lo protesse la pubblica opinione, e massime l'affetto del popolo, che guardava con orgoglio i propri figli trasfigurati in *galantuomini*, appellativo del ceto civile nelle Due Sicilie. Garibaldi, che n'era il vero fondatore, tenevalo sovra ogni altra cosa carissimo e lo faceva argomento delle sue speciali sollecitudini. Spesso, accompagnato dallo stato maggiore, capitava all'Istituto e ogni mattina in piazza d'armi nell'ora della manovra. Scendeva da cavallo, s'informava d'ogni particolarità, dava suggerimenti, e ordini e provvedimenti efficacissimi, ed inebbriava colla sua presenza uffiziali ed allievi.

In poco d'ora l'Istituto non popolavasi di soli figli della plebe. La sua buona fama, l'entusiasmo dell'epoca che tirava all'uguaglianza, le seduzioni della carriera militare in momenti di guerra, e la non ultima attrattiva del gratis vi condussero giovinetti di famiglie civili, alcuni dei quali dell'alta Italia.

Ma non ogni cosa correva liscia. Quando l'ospizio dei trovatelli venne abolito e trasfuso nell'Istituto, Garibaldi mi raccomandò di trar partito dei maestri e dei guardiani dell'ospizio. Mi trovai quindi al tu per tu con un frate professore e confessore, e col cappellano. Ripugnavami la presenza del frate, e d'altro canto non osava dipartirmi dalle raccomandazioni del Generale. Mi gli mostrai poco benevolo, assistetti in attitudine di diffidenza alle sue lezioni, censurai il suo metodo d'insegnamento, ma egli imperterrito faceva orecchie da mercante. Gli dissi un giorno che io non poteva comportare la cumulazione di due impieghi, e ch'ei scegliesse fra la cattedra e il confessionale.

– Scelgo il confessionale.

– L'uffizio di confessore non ha stipendio: non posso stipendiare un sacramento.

– Sta bene; e poiché debbo mangiare, accennando in ciò dire alla propria persona di sei piedi, m'atterrò alla cattedra.

Battuto su questo terreno, immaginai di conferire ai professori e agl'impiegati un grado militare nominale, coll'obbligo di portarne il distintivo sul berretto. Il frate, antiveggendo l'ilarità della scolaresca per lo strano accoppiamento del berretto di luogotenente con la cocolla di San Francesco, chiesemi tempo a decidersi e più non ricomparve.

Ma non così mi è venuto fatto di sbarazzarmi del cappellano, che stavasi abbarbicato al suo posto come edera a muraglia. Era uomo di media statura, sui cinquant'anni, d'occhio fine e astuto, di modi ossequiosi: non diceva mai no; però sull'apparente condiscendenza intesseva difficoltà, distinzioni, obbiezioni, onde venivagli detto no di seconda mano.

Ito il frate, dopo lungo discorso sui privilegi antichi del clero di Sicilia, che lo mantengono relativamente indipendente dalla Santa Sede e pertanto estraneo alle sue vicende e alle sue passioni politiche, m'insinuò la proposta di assumersi egli l'officio della confessione, sin che avessi nominato un confessore fisso.

– Caro don Pietro, gli risposi, gli allievi sono fanciulli; incapaci di peccare, è inutile la confessione.

– È vero, signor comandante. Anch'io non accetto l'opinione dei teologi, che la ragione e la responsabilità comincino a sette anni. Ma quivi ne abbiamo diciassette, e so che parecchi di loro libarono al calice del piacere, e la loro purità...

– Chi ve l'ha detto, don Pietro?

– Eh! si sa; veruno l'ignora, e poi...

– Chiusi nell'Istituto faranno penitenza.

– È giusto; però il pensiero esce dal cancello dell'Istituto, e sfugge alla vigilanza dei guardiani. Lo spirito, signor comandante, può peccare come la materia.

– Caro don Pietro, il lavoro indefesso, ininterrotto, variato, ascendente, occupa il loro spirito, e la sera la materia affaticata fa un sonno solo, e senza sogni, fino all'alba.

– Voi avete ragione. Se non che, nella mia qualità di prete, ricorderò con tutto il rispetto, che la Chiesa comanda che la confessione...

– Qui comando io.

– Senza dubbio. A proposito, dimani è domenica. A che ora desiderate, signor comandante, ch'io dica la messa? Non se ne celebrò ancora una sola per questi ragazzi, dacché l'Istituto esiste.

Ad un mio movimento d'impazienza il cappellano, addolcendo sensibilmente la voce, soggiunse: – Veramente in tanta furia di lavoro non avanzava tempo né spazio per la messa. Io, credetemi, mi presi licenza di riparlarvene nell'interesse dell'Istituto medesimo, che sta tanto a cuore al dittatore e a voi.

– Penso che la messa presupponga la chiesa, e la chiesa deve ancora fabbricarsi. Se ne discuterà quando le finanze dello Stato saranno più floride.

– In prova della mia devozione a voi, non debbo tacervi che i parenti mormoravano di già.

– So, don Pietro, che vi gradiva più l'ospizio dei trovatelli che non l'Istituto militare. Nessuno mormora. I fanciulli affluiscono sì numerosi che rimandai al mese venturo l'accettazione di cinquecento di loro per mancanza di spazio. Don Pietro! seguite un mio consiglio: acqua in bocca. Sapete che ci sono molti aspiranti alla nomina di cappellano.

– Signor comandante, mi raccomando a voi. Per mostrarvi quanto siami prezioso l'Istituto, mi vi offro da capo lettore gratuito di storia.

– Io nominerò ai vari battaglioni cappellani, che ammaestrino gli allievi ad amar gli uomini, l'Italia, la libertà, e che gl'imbevano di feconde e virili massime di morale. Quand'eglino potranno pensare da sé medesimi, adotteranno quel culto che a loro parrà migliore; ascolteranno la messa del prete, o il sermone del pastore, o la voce solitaria e spontanea della coscienza. Non ignorate che s'entra in questo Istituto senza la fede di battesimo.

Il cappellano, che ha capito il mio latino, temendo di perdere il comodo alloggio e la paga di capitano, trovò modo di salvare la fede e il salario col benefizio d'una distinzione e d'una seconda intenzione.

– Signor comandante, disse, la disciplina militare e la legge canonica m'impongono di obbedire ai superiori. Le vostre idee non contraddicono alla mia fede; soltanto non sono tutta la mia fede. La differenza fra ciò che voi volete e ciò ch'io credo verrà giudicata da Dio. Signor comandante...

In questo punto il portiere entrò con un biglietto che mi chiamava al padiglione.

– Dimattina, così il Generale, non assisterò alla manovra dei ragazzi. Fui invitato a colazione a bordo d'un vascello inglese. Volete venire?

– Grazie, Generale; dimattina devo comporre il secondo battaglione e inaugurare il bersaglio dell'Istituto.

– Visitaste la villa dei Gesuiti?

– Sì, Generale. Vasto e grandioso palazzo, ma troppo lontano. È già lontana, benché al paragone, vicinissima, la splendida villa Airoldi, che mi permetteste di occupare. Benché capace di 400 alunni, vi rinunciai, anteponendole il convento di San Polo.

– Appunto a causa di San Polo vi chiamai qui. Per la terza volta la sorella di Rosalino Pilo, monaca di questo convento, mi fa istanza premurosa che il convento venga restituito. Come posso dir no alla sorella di quel prode che mi precorse e morì? Cercate altro luogo. Ne avete tanti a vostra scelta!

– Mi rincresce, Generale; temo sia tardi per appagare il voto della sorella di Pilo...

– Perché? m'interruppe egli alquanto irritato.

– L'ho in parte sfabbricato e rifabbricato per adattarlo ai bisogni dell'Istituto, vi si lavora tuttavia, e nelle presenti angustie dell'erario ci spesi già quindicimila lire. Oggi le monache non saprebbero che farsi del trasformato edificio. Ma per esse ne adocchiai un altro migliore.

– Bene, procurate d'accontentarle, replicò egli domato dall'argomento delle quindicimila lire, quando i suoi generali avevano due lire il giorno di paga. D'ora in poi lasciate in pace le mie monache.

I desideri di Garibaldi erano comandi; ed io m'affrettai a San Polo col proponimento di soddisfare la sorella di Pilo. Ma i lavori spinti alacremente volgevano al termine. L'architetto mi dimostrò col nero sul bianco che a disfare e rifare come prima ci voleva il doppio dello speso.

Il convento, ricinto d'altissime mura, giaceva immezzo ad una selva d'aranci, di cedri, d'ulivi, di fichi d'India, solcata da viali d'alberi di pepe e di sughero. V'erano giardini, e peschiere, e getti d'acqua. Non so quanto le mistiche spose di Gesù Cristo, coll'ali invescate della terrestre voluttà che spirava da quelle fragranze pericolose, da quegli ombrosi recessi, da que' studiati spettacoli d'una vegetazione intertropicale, potessero innalzarsi alla meditazione delle pene del purgatorio. Sotto quei boschetti, durante la fabbrica, serenava il secondo migliaio dei monelli che l'indomani dovevano diventare il secondo battaglione dell'Istituto.

Il mattino del 18 luglio, banda in testa, i due battaglioni avviavansi alla piazza d'armi. Le ultime righe del secondo si componevano di fanciulli di sei in otto anni; piccola carabina alla spalla, berretta piegata sull'orecchio sinistro, cinturino sotto il mento, testa alta, aria fiera, passo ardito, marcia in linea di mezza compagnia, distanze mantenute, conversione in colonna, secondo i casi, come vecchi soldati. Un'onda di popolo erasi riversata sulle vie, e le madri popolane traevano in coda ai figliuoli guerrieri, spargendo lagrime e facendone spargere agli spettatori.

Al ritorno un infermiere dell'ospedale dei feriti mi consegnò un biglietto di mia moglie così concepito: "Il Generale s'allontanò da Palermo; l'ambulanza ricevette l'avviso di seguirlo".

Volo agitatissimo all'ospedale di San Massimo, e vi trovo Ripari, capo medico, mezzo costernato e mezzo furente, il quale dava ordini, contr'ordini e colpi di frustino per accelerare l'allestimento dell'ambulanza. Gli era un andirivieni di medici, di chirurgi, d'infermieri, di farmacisti e di ammalati colle ferite non ancora rimarginate, supplicanti di ritornare alle proprie compagnie. Mia moglie, nell'ultima stanza intesa ad infarcire di filacce, di bende e di agrumi i sacconi dei letti, mi fece: – Sei pronto a partire dimani? Noi partiamo dimani.

Ed io a lei sorridendo: – Non ti affannare, Garibaldi fa colazione a bordo di un vascello inglese.

– Molto probabile! mentre i nostri si battono a Meri!

– Da quando in qua?

– Fruscianti capitò qui cogli ordini. Il Generale s'imbarcò con gli aiutanti, le guide, i carabinieri genovesi e la brigata Corte arrivata testè da Gaeta.

– Dunque ieri m'ingannò! Impossibile! Ritornai, non so se sdegnato o trasognato, nella prima stanza. Ivi rividi Ripari ignudo sino alla cintola e supino sul pagliericcio. La settenne galera di Pagliano lo disavvezzò dalle materasse, dalle lenzuola e dalla biancheria. Data, un minuto prima, al bucato l'unica camicia di lana, non avanzavagli che l'*uniforme* per cuoprirsi. Il suo baule non contenne mai filo di cotone o di lino, né mai odorò di lavanda.

Condiscese al pagliericcio pel decoro del grado di colonnello, ma letto favorito eragli la panca.

Benché stretti amici, bisognava in certi casi lo avvicinassi con cautela, essendo egli spinoso come un istrice, e d'altra parte, facile a intenerirsi come una donzella.

– Ci ha corbellati ambedue, io principiai. Rizzatosi a sedere e calati i piedi a terra, cominciò a far segni dispettosi sul pavimento col frustino. In quel mentre un disgraziato Siciliano gli si accostò, porgendogli un foglio di supplica per divenire chirurgo di battaglione. Voltegli le spalle nude e lasciatolo col braccio teso e col foglio in mano, Ripari, dirigendosi a me, proruppe dolorosamente:

– L'accompagnai a Roma nel '49, in Lombardia nel '59, l'altr'ieri a Marsala, ed ho sessant'anni. Non me l'aspettavo! Ricevetti appena dianzi l'ordine di apprestare l'ambulanza e di *seguirlo!*

– Dove andò?

– Pare che Medici siasi impegnato in disuguale combattimento con Bosco presso Milazzo. Garibaldi accorse in aiuto.

– Partiremo insieme?

– Va bene; io me ne andrò dimattina.

Ne seppi abbastanza; m'affrettai al padiglione...

I Palermitani, sbalorditi, chiedevano con ansietà se Garibaldi li avesse veramente abbandonati. Aiutanti ed uffiziali mostravansi afflitti del non meritato oblio.

Al generale Sirtori, capo dello stato maggiore e depositario della potestà dittatoria, io rassegnai immantinente il mio ufficio di comandante.

– Rimarrete al vostro posto, egli mi rispose seccamente. Non siete un giovinetto che abbia bisogno di guadagnarsi gli speroni.

– Generale, l'accettai da Garibaldi col patto di rinunciarvi e di seguirlo appena ripigliate le armi.

– Comunque, dovete restar qui finché l'opera vostra sia compiuta. Un soldato più o meno non conta. Sarebbe un delitto lasciar perire l'Istituto.

– Non soffrirà per la mia assenza. Esso va coi suoi piedi. Basta mi nominiate un successore.

– Ciò che non farò punto.

– Generale, io non sono militare.

– Avendo assunto il comando dell'Istituto, siete nell'elenco dei capi di corpo, e avete il grado di colonnello.

– Ma, generale, non supporrete, spero, che io abbia preso sul serio questo grado. Vedete, sono ancora un borghese: quando indosserò la *camicia rossa* ciò sarà come un soldato.

– Dio! che Dio mi dia pazienza! egli esclamava fremendo nell'adempimento d'ingrati doveri che lo tenevano lontano dal campo ove anelava di trovarsi. Tutti, ripigliò, impazzarono. Ecco qua la centesima rinunzia ricevuta nelle sei ultime ore. Rimanete al vostro ... posto ... Capite l'italiano?

– Bene, generale, accordatemi un permesso di tre giorni. Se il dittatore respingerà la mia preghiera, vi prometto che mi riavrete qui.

– Andate al dittatore o al d...

– Grazie, generale.

Tornai in gran premura all'Istituto, col proposito d'irmene possibilmente la sera. E per fermo non mitigò la mia brama l'incontro della brigata Dunne che scendeva alla marina.

Preceduto dalle notizie, mi vennero presentate le dimissioni degli uffiziali e dei sotto-uffiziali.

Qui mi casca l'asino. Come indurli a desistere, quand'io mi accingo a lasciarli? E con che cuore d'altronde patire che l'Istituto appena surto rovini? A riflessioni finite m'abbottonai l'abito e con volto severo parlai nella seguente conformità: – Il prodittatore rifiutò la mia rinunzia, ed io non posso accettare la vostra. Raddoppiamo i nostri sforzi, e quando io possa dire onestamente a Garibaldi, "l'Istituto si regge anche senza noi", egli certo ci accorderà l'onore di combattere.

Cuoceva a quei bravi giovani l'indugio anche di un'ora, pur eglino consentirono di rimanere sin ch'io fossi rimasto, ed uno di loro suggerì che ciascuno si cercasse un sostituto. Accettai la proposta, e avanti sera ne furono rinvenuti parecchi fra i garibaldini, i quali, rifiutatisi di dimorare all'ospedale dopo la partenza dei proprii medici e chirurghi, e tuttavia troppo deboli per riprendere le armi, accolsero con gioia di sostituire i loro più fortunati commilitoni. Il povero Rodi dibattevasi penosamente fra due contrarii affetti. Era diviso fra il desiderio di ricongiungersi a Garibaldi, che non aveva mai fatto una campagna, dal trentaquattro in poi, senza di lui, e la tenerezza per i suoi *piccoli diavoli*, i quali lacrimando lo supplicavano di non li lasciare o di condurli alla guerra. Lusingavami di trattenerlo, dimostrandogli prossimo il tempo di far marciare il primo battaglione.

– Signor comandante, è pronto adesso.

– Ma non abbiamo ordini.

– Volete procurarveli?

– Sì.

– Allora differisco d'andarmene.

Tale risoluzione diminuiva di non poco le mie difficoltà. Erami ancora mestieri rendere conto formale della amministrazione, e appianare il cómpito al mio successore, riassettando il meccanismo dell'Istituto. V'impiegai quattro giorni di assiduo lavoro, ed arrivai in Milazzo a battaglia finita.

Battevano le otto pomeridiane, e Garibaldi dormiva.

Nell'uscire dal quartier generale intesi chiamarmi dal maggiore Mosto, appoggiato ad un balcone di faccia.

Varcata la soglia d'una grandissima porta, mi trovai nel chiostro d'un monastero mutato in ospedale. Salii: nei lunghi corridoi poca paglia o qualche rara coperta erano letto ai feriti più avventurati; gli altri giacevano sul pavimento col capo appoggiato sulla bisaccia del pane, unico guanciale. C'erano feriti dei due campi.

Strinsi la mano a Mosto tutto polveroso, rotto dalla fatica e triste, congratulandomi di ritrovarlo vivo e sano.

– È andata bene! gli feci; narrami.

– Vincemmo, ma a caro prezzo. Il mio corpo decimato secondo il solito.

– Come si diportò Ungarelli?

– Da valoroso.

– E come dubitarne? Ho gran voglia di rivederlo.

– Trovasi laggiù nel cortile.

– Dove? costà?

– Sì. Morì sul campo d'una palla in fronte. Venne raccolto cogli altri miei e trasportato quivi.

– Morto!

– Non lo sapevi?

Mi si agghiacciò il sangue. Così giovane, così bello, così intelligente, così buono! Io non potevo associare l'idea della morte a tanto splendore di vita. Mosto per distarmi mi variò dolore.

– Gli otto superstiti compagni di Pisacane, che mi raccomandasti, si segnalarono. Cinque sono caduti.

– Li trasportarono a Barcellona, soggiunse mia moglie approssimatasi a noi in quel punto. Rota, Bonomi e Cori si potranno salvare, ma non credo Conti e Sant'Andrea.

– Quant'altri de' miei, signora Jessie, avete in custodia? le dimandò il maggiore.

– Venti per certo; i rimanenti giacciono dispersi in chiese umide. A Barcellona fu una gara di quel nobile popolo per ricoverare i feriti nelle proprie case; qui non si trova nemmeno paglia da riempire i sacconi portati da Palermo.

Procedendo con mia moglie lungo il primo corridoio, una voce sottile e debole mi salutò per nome. Voltomi, vidi tre ragazzi sulla paglia coll'assisa bianca macchiata di sangue.

Ed ella: – Sono i tuoi alunni dell'Istituto, fuggitivi alla brigata Dunne. Guarda codesto (e m'indicò un fanciullo addormentato con una vescica piena di ghiaccio applicata al moncone sinistro), fu amputato ora, povero bambino: ha solamente dodici anni. Mi disse: – Sarò buono, se ella mi tiene, signora; non griderò; piangerò un pochino. Lo tenni, onorò la sua parola, e mi disse dopo che io piansi più di lui. È vero. Adesso dorme, come fanno quasi tutti finita l'operazione.

– Siete in collera con noi? mi chiese il più grandicello pigliandomi la mano e carezzandola. Ci perdonate? Tanti della nostra brigata sono morti o feriti. Il colonnello dichiarò che dopo la battaglia di Milazzo nessuno potrà dire che i Siciliani non si battono.

Io mi sentiva soffocare e non potei parlare; baciai quelle fronti pallide lasciando sul letto alcuna piastra e corsi all'aria fresca.

È molto mesta la notte della vittoria, quando non si ha partecipato alla battaglia!

L'indomani visitai il Generale, che mi stese la mano con queste parole: – Vi aspettavo.

– Dopo la battaglia, Generale? Voi avete dimenticato la promessa.

– Non dimentico mai! Remigando verso il vascello inglese ricevetti il dispaccio di Medici, e m'imbarcai subito con quanti avevo sotto mano. Non importa; vi compenserò, non dubitate.

– So, Generale, che vi esponeste ad un conflitto personale con alcuni lancieri. Non considerate che la riuscita o la rovina della impresa dipende unicamente dalla vostra vita?

– Se così è, vivrò per compierla. Porgendomi un sigaro, proseguì con l'usata modestia: fu una semplice combinazione. Tacque per poco, indi ripigliò: pensate che la costituzione bandita da Francesco II abbia appagati i Napolitani?

– Avrebbeli forse, senza la spedizione di Marsala. Il re è giovane ed innocente delle colpe del padre; ma i Napoletani odiano la sua stirpe impastata di perfidia. D'altronde, l'unità nazionale oggi domina idea sovrana, che voi, Generale, con questa spedizione faceste scendere quaggiù dai cieli dell'astrazione e dell'utopia.

Quind'innanzi nessun profitto locale potrà soddisfare gli Italiani.

– Fino all'ultimo momento del mio soggiorno a Palermo mi si tormentò con perpetue istanze di annessione al Piemonte. E tuttora la cospirazione prosegue; mi s'intralcia il cammino. Che la facciano! A me bastano poche migliaia di soldati per balzare in Calabria.

– A Palermo vi manifestai la mia opinione, ed ora ve la ripeto: Mero grido di partito. Se voi cedete la Sicilia prima d'avere Napoli, perdete la base d'operazione, e vi verrà impedito o quanto meno contrastato il transito dello Stretto. Il programma fissò lo scopo dell'impresa. Si parlerà d'annessione a Roma. Voi ne ammoniste di già chiaramente i Palermitani dal poggiuolo del palazzo reale con quelle parole monumentali, "dopo le battaglie, le urne e le assemblee".

– Non siete persuaso che i Siciliani desiderino l'annessione?

– Desiderano l'unità italiana, non conoscono che Garibaldi.

– Sì, bisogna profittare dell'aura.

Garibaldi ascoltava il mio parere, come quello d'ogni patriota, benignamente sempre. Ma è inesatta la voce diffusa e creduta ch'ei ceda alle influenze e pieghi alle sollecitudini ed ai consigli altrui. Veruna accusa più di questa lo crucciava; e se ne rammaricava sovente. Io gli stetti vicino negli svolgimenti del dramma del 1860, e posso affermare che egli ha un'idea propria sulle cose, lungamente e solitariamente meditata. Solo quell'idea determina le sue azioni. Però la piccola guerra, il raggiro, l'insidia, l'opposizione occulta e pertinace lo irritano e lo stancano. Come leone che si sente avvolto in una rete, ne rompe le maglie e va via sdegnoso.

Poscia, ragguagliatolo sullo stato dell'Istituto, sulla sostituzione degli uffiziali, lo pregai di nominare altra persona in vece mia.

– Tenete in mano vostra la direzione e sceglietevi un vicedirettore. Un bel giorno manderemo a chiamare il nostro primo battaglione: per adesso lasciamo le cose come stanno. Indi, datemi alcune commissioni che rendevano necessario il mio ritorno a Palermo, soggiunse: Mi raggiungerete a Messina. Le truppe di Bosco ora s'imbarcano a bordo di legni francesi. La vittoria decisiva del 20 chiuse il nostro lavoro in Sicilia.

Quattro giorni in appresso mi gli presentai a Messina in camicia rossa e colla nomina in tasca di sottotenente d'ordinanza di lui.

La spensierata festività della reggia normanna non riapparve al quartier generale di Messina. Garibaldi, assorto in gravi pensieri, divenne taciturno, e la sua fronte, sempre spianata e serena, si fece corrugata e scura. Ogni dì, e spesso due volte, egli percorreva la via da Messina al Faro.

Un dopo pranzo ve l'accompagnai in carrozza col maggiore Stagnetti, e non si pronunciò verbo mai nell'andata e nel ritorno. Egli, come soleva, salì sulla torre ad interrogare per lunga ora col cannocchiale la riva opposta.

Ma più del problema militare del passaggio che il suo genio avrebbe certamente sciolto, turbavano gl'inciampi politici che incontrava ad ogni passo. E massime una lettera di Vittorio Emanuele che lo pregava di rinunciare alla liberazione di Napoli, a cui peraltro il Generale rispose, "le popolazioni mi chiamano; io mancherei al mio dovere e comprometterei la causa italiana se non ascoltassi la loro voce". Cessata pertanto ogni incertezza, risoluto di proceder oltre, raccolse tutte le forze nella costruzione d'un ponte invisibile fra Cariddi e Scilla. Epperò egli sentivasi alfine nel proprio elemento, e dall'urto delle difficoltà materiali scoppiavano per lui scintille di nuova luce.

Il 7 agosto io ero di guardia a palazzo. Chiamato nella sua stanza: – Volete prender parte, mi disse, ad una impresa audace e forse decisiva?

– Generale! risposi con impeto di contentezza.

– Domani alle quattro pomeridiane al Faro. Sarà opera di pochi scelti.

L'indomani, avviandomi al Faro in vettura, verso le due, incontrai il dottore Ripari, l'invitai a montare, e gli ripetei il colloquio della vigilia con Garibaldi.

Al vecchio soldato fluì subito il sangue alla testa, e nella lusinga di potersi rifare della mancatagli giornata di Milazzo: – Vengo anch'io, esclamò.

– E l'ambulanza, generale?

– Troverà modo di tenermi dietro. Intanto vado io.

Garibaldi era a bordo dell'Aberdeen ancorato sulla rada. Salimmo. Egli passeggiava sul ponte.

– Partirete col colonnello Muss..., e apparterrete al suo stato maggiore.

– Generale! così Ripari, se mi permettete, andrò anch'io in compagnia di Mario.

E il Generale con occhio affettuoso e con benevola ironia:

– Non è affare per voi; siete troppo vecchio!

Alle inaspettate parole, Ripari, acceso e spento quasi ad un punto, stette muto e immoto. Poi, riscotendosi mi stese la mano, sillabando con voce abbassata d'un tono: – Sono troppo vecchio! Addio. Saltò in una lancia, disparve e tornò a Messina a piedi per provare a se stesso d'essere ancora abbastanza giovane.

Sull'imbrunire capitarono successivamente quattro ufficiali ad avvertire il Generale che le loro squadre trovavansi al luogo fissato.

– Va bene: tornate là e attendetemi.

Un quarto d'ora appresso, seguito dal generale Medici, da due aiutanti e da me, egli scese in un palischermo. Postosi al timone, si sguizzò inavvertiti fra le molte barche, e s'entrò in un canale che serpeggia intorno alle trincee del Faro. Alla foce stava preparato un naviglio di settanta barchette e sulle ripe alcuni gruppi di gente armata; quivi fucilieri, costì cacciatori, colà guide, in silenzio, mentre sull'attigua spiaggia dello stretto riagitavansi e romoreggiavano migliaia di soldati nell'imminenza della ritirata.

Il Generale mi mandò al capo d'ogni gruppo per ordinare l'imbarco di tre uomini in ciascuna barchetta. Ridiscesi noi a mare, le settanta navicelle circondarono il nostro palischermo. Il Generale rapidamente spartille in isquadre distinte per numeri. Ciascuna barchetta governavano quattro rematori siciliani e un timoniere. Vi ebbe nel primo istante un po' di confusione; mancavano i *revolvers*, le scale d'assalto, alquanti soldati e parte della munizione. Alfine tutto fu in punto. Quand'ecco le guide, armate di carabine, s'accorgono che le cartucce superano la portata dell'arma; se ne sparge la notizia.

– Generale, gridò il non troppo accorto comandante della spedizione, le cariche non vanno alle carabine. Il momento era supremo; ogni indugio impossibile. Prontamente e con accento soggiogatone, Garibaldi rispose: – Fatevela a pugni!

S'udì un sì collettivo ed elettrico. Indi, ordinatomi di entrare nella barchetta del comandante, maestrevolmente sviluppò in un girar di ciglio quell'ingombro galleggiante che a foggia di spira avvolgeva la sua lancia. I tamburi avevano già battuta la ritirata. La quiete regnava profonda. Noi non udivamo che la voce di Garibaldi a intervalli, sonora, concitata, onnipotente.

O Rossi! rasentate la costa, dirigetevi sulla punta del Faro. Così egli comandava in dialetto genovese.

Rossi, genovese, capitano di mare, sedeva al timone della prima barchetta occupata dal colonnello Muss..., da Libero Stradivari, da Ergisto Bezzí e da me.

Manovrando su e giù lungo la linea, il Generale stabiliva le distanze fra barchetta e barchetta, fra squadra e squadra, e ammoniva i timonieri. Egli più a mare di noi dirigesse la propria lancia alla punte del Faro, disegnando una retta, e vi arrivò mentre la mia barchetta spuntava dall'ultima estremità di Cariddi, e si affacciava al nostro sguardo lo spettacolo del doppio mare.

– O Rossi!

– Generale!

– Puntate la prora su Alta Fiumara. Vicino a terra piegate a destra. Approdino tutti sulla vostra sinistra.

E volgendo la parola al corpo di spedizione:

– A voi l'onore di precedermi. L'impresa è ardita, ma ho fede in voi. Vi conosco a prova. Ci rivedremo fra poco.... E intanto la piccola armata gli sfilava davanti.

Suonavano le dieci. La brezza notturna increspava leggermente il mare; le correnti dello stretto ci spingevano alquanto fuori della bocca del canale, onde timoneggiando verso il punto fisso, l'avventurosa flottiglia formava un arco stupendo, che io dalla mia barca in testa di colonna vedevo mano mano disegnarsi. La notte era stellata e senza vento, e fantastici volumi di nuvole coprendo la luna, spandevano una oscurità propizia sul nostro passaggio. Il timoniere coll'acuto occhio marinaro aveva a tutta prima ravvisati due legni borbonici della crociera, i quali, passando sotto l'Alta Fiumara, muovevano alla volta di Scilla. Verso il mezzo dello Stretto la luce rossa dei fanali e il distinto brontolio del vapore che scaricava dal minor tubo, ci segnalavano due o tre altre navi da guerra nemiche.

– In che l'oggetto della spedizione? dimandai al comandante, amico mio.

– Nell'assalto inopinato del forte di Alta Fiumara, durante la notte. Dianzi travestito penetrai in Calabria, m'affiatai con qualche sergente calabrese mio compaesano; fo capitale sovra una parte del presidio. Padroni del Faro da un lato, la presa di Alta Fiumara assicurerà il transito dell'esercito, impedendo col fuoco dei due forti di fronte l'avvicinarsi dei legni di Francesco II.

– Conducesti teco le guide del luogo?

– No, le troveremo di là. Appena a terra, egli mi commise, dividerai il corpo in tre schiere, piglierai il comando di quella di destra e risalirai il torrente fino alla strada quetamente, indi piegando a sinistra, assalirai il forte dalla parte superiore, le altre l'investiranno dal lato opposto. Una scala ad ogni cinque uomini. Mi fu promessa una porta aperta: il resto colle scale, coi *revolvers*, colle baionette. Un colpo di cannone annuncierà al dittatore il fatto compiuto.

Santo diavolone! Un vapore Siamo perduti! ulul018arono esterrefatti i nostri rematori.

Il pauroso grido volò di barca in barca, come eco cento volte ripetuta. Girai l'occhio sulle barche seguaci, e notai un attimo di sosta; un moto oscillatorio agitava quella magica curva natante, che solo si discerneva pel solco argenteo dell'acqua e per le fosforiche scintille provocate dal colpo dei remi. Ma essa conteneva intrepidi petti, ai quali il profondare sarebbe sembrata una festa al paragone del retrocedere.

– Non lo vedete? là sulla dritta? ci viene addosso, ripeterono i rematori con voce soffocata, stesi boccone e cercando puerilmente riparo dietro la sonda dello scafo. Noi li afferrammo per la veste, e col revolver li costringemmo a rialzarsi e a remigare.

Rimessi in piedi ricaddero ginocchioni; con parole rotte dal singulto e colle braccia aperte, imploravano misericordia per le loro famiglie, invocando santa Rosalia e la Madonna dei sette dolori. Ripresi i remi, si sforzarono di virare di bordo. Allora saltammo noi ai remi; laonde eglino giudicarono miglior consiglio l'obbedire. Una scena consimile accadde in ogni battello.

– Eccolo, eccolo là! gridarono.

Di fatti una massa nera, che noi non sapemmo distinguere dapprima, avanzavasi visibilmente sulla nostra direzione.

– Ferma, comandò il timoniere Rossi, che in tale frangente mostrò l'abituale bravura.

– Morte per morte, io dissi al comandante, dobbiamo tentare l'arrembaggio.

– Il vapore più veloce di noi, rispose Rossi sorridendo della mia imperizia, non si lascerà avvicinare e ci manderà a picco standosene alla debita distanza. Nondimeno fu trasmesso comando d'investire il vapore in caso di attacco.

Frattanto quella massa nera diventava sempre più manifesta e meno nera, e non andò guari che in parte apparve bianca. Ci raggiunse alfine.

– Un brigantino mercantile, proruppero in coro i rematori.

– Un brigantino, un brigantino! – s'udì ripetere su tutta la linea: e il brigantino col vento in poppa e a vele spiegate tragittando a qualche metro da noi nel più alto silenzio, piegò verso l'ovest, e si perdette rapidamente nell'oscurità. Rinfrancatisi, i marinai si diedero a vogare a tutta lena.

– Quelle tre luci rosse costà, osservò uno di loro indicando colla mano due più alte e la terza più bassa, sono due vapori e una cannoniera. Li notammo partendo. Se ci veggono siamo a tiro.

Ancora un quarto d'ora e la spiaggia calabrese ci si offerse alla vista come una livida striscia sull'onda bruna. Avanti! comandò Rossi a' marinai; cacciate la prora nel lido. E vôlto a noi: Seduti, signori. Indi con forza a mezza voce, ai primi: Voga, voga! Ed ecco la prora penetrar con violenza nella sabbia della riva.

Desideroso di toccare per primo il suolo di Calabria, spiccai prestamente un salto e fui a terra, ma il sottotenente Bezzi divise meco quella priorità. In pochi minuti approdarono successivamente le settanta barchette a mancina della nostra: poscia, vuote dei soldati e delle scale, spesseggiarono al Faro.

Su quel ponte invisibile traversarono lo stretto duecentodieci garibaldini.

CAPITOLO II

I PIONIERI

In obbedienza alle ingiunzioni del comandante, correndo lungo la spiaggia, composi le tre schiere.

Dal dosso sporgente del colle ci sovrastava il forte di Alta Fiumara che a noi pareva già d'avere in mano.

Tornato al comandante, riseppi che le guide paesane mancarono al convegno, ond'io a lui in suono di domanda:

– Dunque?

Ed egli a me tranquillamente: – Si fa senza guide.

Postomi alla testa dell'ala destra, cinquanta uomini, salii l'asciutto torrente di Alta Fiumara. I sassi bianchi ond'era aspro il letto riflettevano una certa specie di chiarore in mezzo al buio fittissimo che c'involgeva da circa mezz'ora. Toccai prestamente la strada maestra, e snodai alla bersagliera la mia squadra per approssimarmi inavvertito al forte.

Sopravvenuta una vettura a tre cavalli, ne feci scendere i passeggeri ingombri d'improvviso stupore, non forse dalla presenza di gente armata, sibbene dal non paesano accento.

– Donde venite?

– Da Reggio e andiamo a Scilla. Siamo calabresi.

– Tranquillizzatevi. Non vi vogliamo alcun male. Ma per ora dovete sostare.

– Signore, viaggiamo per negozi privati.

– A voi Calabresi saranno famigliari questi monti.

– Io li conosco, disse impetuosamente un giovinotto. Come cacciatore li tentai per ogni verso.

– Va bene, tu verrai meco mezz'ora.

– Signore, interruppemi altro di loro con voce di pianto, il mio unico figlio! abbiate compassione d'un povero vecchio. Anch'io ho pratica dei siti; concedetemi in grazia ch'io v'accompagni in cambio di lui.

– Verrete entrambi. Non ho un minuto da perdere. Chi mi regala un sigaro? Tutti ad un fiato: – Io.

Avuto il sigaro, fu acceso uno zolfanello, e a quella fiamma brillò la camicia rossa.

– Ah! esclamarono esultando, garibaldini! Quando sbarcaste? quanti siete? c'è Garibaldi? Nella tempesta dei quesiti mi diedero baci e strette di mano e di braccia e di collo.

Poi con favella ansiosa soggiunsero: – Badate, signor capitano, che a un quarto d'ora di qui oltrepassammo un battaglione di regii, diretto a Scilla per rilevare i presidî dei forti.

Spedii immediatamente il sottotenente Perelli[3] ad avvertirne il comandante.

Interrogatili sulle forze borboniche da Reggio a Scilla:

– Quattordicimila uomini, disse il vecchio. E voi?

– Il nostro nome è legione!

Frattanto mi venne udita una vivissima moschetteria e poco dopo un colpo di cannone dal forte. Ordinato al cocchiere d'andarsene, augurai la buona notte ai viaggiatori, trattenendo le due guide.

– Eccoci scoperti, pensai; l'impresa fallì; non ci avanza che di vendere cara la vita. Raccolti i miei, mossi verso il forte in linea obliqua per comunicare con il resto della colonna, che giudicai in grave pericolo, avendo alle spalle il mare, e per vigilare ad un tempo l'arrivo del battaglione nemico. A breve tratto di là rovesciai e dispersi una pattuglia borbonica alla baionetta, traendo due prigionieri. Un momento appresso mi fu segnalato un drappello di soldati all'alveo del fiume. Invertita la fronte e avvicinatici l'un l'altro: – Chi va là? – *Calabria* – *Messina*: nostra parola d'ordine. Il maggiore Missori e le guide.

– Che c'è di nuovo?

Ed egli: – Venuti per sorprendere fummo sorpresi.

– Ed il resto della colonna?

– Muove parallelamente alla montagna.

– Ma come accadde che il nemico s'accorse di noi?

– Il comandante non sapeva nemmeno ove giacesse il forte. I cacciatori Bonnet, i quali formavano la sinistra, spintisi fino alla cinta, s'imbatterono in una grossa pattuglia. Arrendetevi, disse l'ufficiale. La pattuglia rispose con una scarica a pochi passi. I nostri d'un balzo le si avventarono addosso e la ributtarono precipitosamente nel forte, malconcia e scemata. Portata la notizia colassù, tuonò il cannone d'avviso. Ecco quindi in vista i fanali di due vapori da guerra.

– A momenti un battaglione di regii avvilupperà tra due fuochi il corpo del comandante e fors'anche il nostro.

– Il comandante lo sa.

– Appiattandoci dietro il ciglione superiore alla strada, potremo, benché

[3] Questo valoroso pavese è stato ferito al petto nel combattimento del 21 luglio 1866 a Bezzecca [Nota dell'A.]

pochi, cogliere all'impensata il battaglione nel suo passaggio, fulminarlo a bruciapelo, sbaragliarlo e vendicarci dell'impresa mancata.

– L'ordine preciso è di guadagnare la montagna. Terremo però d'occhio il battaglione per tutelare i nostri se in ritardo. Cerchiamo una guida al primo casolare.

– Ne ho due meco.

Collocate sentinelle morte a corta distanza dalla strada, volteggiammo sulla sinistra sin che avemmo certezza che il grosso della colonna pervenne in sicura parte e che il battaglione passò oltre. Poscia, rivalicato il torrente, si cominciò l'ascesa per luogo dirupato e talora quasi insuperabile, figurandosi a parapetti. Se il buio e l'esagerata opinione delle nostre forze, siccome risapemmo dai prigionieri, non trattenevano il nemico dall'inseguirci, eravamo perduti. In quei frangenti desideravamo le scale che, diventate impaccio, furono abbandonate. Montando l'uno sull'altro, superammo i parapetti. All'ultimo dei nostri rimasto si sporgeva dall'alto un fucile ch'ei afferrava a due mani, e, stampando passi scivolanti sul parapetto, venivagli fatto di alzarsi sino alla portata delle braccia d'altri soldati che tiravanlo al nuovo stadio. Affranti dalla fatica, grondanti di sudore, si proseguì fino a notte alta quel sentiero da camosci. Gradualmente alleggerito l'animo dall'angoscia per la non riuscita spedizione, abituati, come si era, alla vittoria, e pel temuto corruccio di Garibaldi, si tirava innanzi esilarati di tempo in tempo da qualche facezia dei soldati, molti dei quali studenti d'università.

Una capanna! esclamò uno di loro dall'altezza del nuovissimo parapetto. La speranza di trovarvi acqua da bere balenò quasi raggio di luce ricreatrice, quando si intese uno sparo di fucile ripercosso di monte in monte. Subitamente, ciascuno pose mani alle armi. – Cosa da nulla, disse un soldato in dialetto veneziano: nel porgere il fucile lungo il parapetto, partì la botta e mi forò la mano. La palla aveva oltrepassato il palmo della mano. Gli diedi la mia pezzuola per fasciare la ferita e lo condussi alla capanna. Il solo medico della spedizione trovavasi col comandante. Il ferito, curato ivi alla meglio, continuò intrepido la marcia, abbastanza disastrosa.

Un lumicino di ferro d'un becco, appeso ad un candeliere di legno ricurvo, rischiarava con torbidi getti di luce la lurida e negra stanza della capanna, appestata dall'odore di antica fuliggine che l'ampia gola del camino esalava. Non valsero le nostre parole e la cura d'ingentilire la voce a rassicurare una donna ed una ragazza, rannicchiate sovra un giaciglio di paglia fradicia, le quali il singulto quasi soffocava, perché invitammo il marito e padre di guidarci per miglior via. Non le vinse la pietà del ferito, non le acquetò qualche moneta d'argento gettata loro in grembo, né il risaperci garibaldini e liberatori. Garibaldi e la libertà erano una persona e un'idea ignote in quella capanna. Le insolite armi in quella inviolata solitudine ed in quell'ora della notte privolle d'ogni senso di ragione. Il pastore, che vide seguíto il suo insistente rifiuto di accompagnarci dalle minacce, ed avvertì in due paia di piedate sufficienti un principio d'esecuzione, si risolse di vestirsi. Inforcate le brache di spelato frustagno, mozze al ginocchio, calzò due sandali, di cimossa la suola e il tomaio, foggiati a punta ritorta e legati con fettuccie a treccia intorno al collo del piede, ond'ei camminava queto ed inavvertito come il Sonno dell'Ariosto che ha le scarpe di feltro. Indi, messo un cappello conico di panno nero frusto, orlato di velluto, dal cui vertice svolazzavano due liste pure di velluto, e preso sotto il braccio un corto gabbano, disse addio alla moglie ed alla figlia, le quali prorompendo in acute strida, si strinsero l'una l'altra convulse e disperate.

Sui muti passi del pastore ripigliammo il tribolato viaggio per viottoli più agevoli. Presso la prima ora del mattino il cielo principiò a rasserenarsi; potevamo scorgere la vetta sospirata, a cui dovevasi arrivare. Vedevamo la lanterna di Cariddi ai nostri piedi e più lontano lunghe strisce luminose che c'indicavano Messina, e più lontano una piramide immensa e scura che sembrava sorreggesse l'arco del cielo, ed era l'Etna. La notturna brezza, l'aria fine, la vista dell'orizzonte ci rinfrancarono le forze semispente.

Si procedeva spediti, perché nessuno di noi possedeva sacco o cappotto o panno: non avevamo impicci d'ambulanza, né di viveri, né di munizioni, e nemmeno di sigari.

Partiti per un'impresa di quattr'ore, per una sorpresa, ci trovammo di un tratto capofitti nell'ignoto, con venti cartuccie ciascun soldato.

– Siamo in Aspromonte, ci fece il pastore, montagna deserta molte miglia all'intorno. Quivi la terra si coltiva a patate e a frumento; gli agricoltori vi ascendono dalle coste o dai più rimoti villaggi a seminare e a mietere. Boschi di roveri, di pini e di faggi cuoprono la massima parte di codesti dirupi.

A tali notizie lusinghiere, onde il pastore compulsato dalle nostre interrogazioni, ci veniva consolando, i soldati facevano i più ameni commenti, finché si toccò in sull'alba la vetta.

Persuasi che la vetta fosse una vetta, ci occupò alta meraviglia nel vedere spiegarsi al nostro sguardo una sterminata pianura, in fondo della quale spiccava da capo la montagna. Licenziato il pastore, cercammo ricovero in un pagliaio, ma il tremito delle membra e lo stridore dei denti per vento freddissimo ci contrastarono il sonno, malgrado la stanchezza grande, finché il sole non ci ebbe intiepiditi.

Ci svegliammo alle nove, poi vennero le dieci, poi le undici
"......e l'ora trapassava
Che il cibo ne soleva essere addotto
E per suo sogno ciascun dubitava".

Stretti a consulta sul modo di vettovagliarci, disputavasi con varia opinione senza che un partito razionale fosse manifesto, quando da lunge comparve un cavaliero che, trottando alla nostra volta traverso i campi di frumento mietuto, agitava per l'aria il cappello. Seguivano più lente la sua traccia due mule cariche.

– Sento il fluido animale del prosciutto che s'accosta, disse un soldato.

– Ed il fluido vegetale del pane che l'accompagna, soggiunse un secondo.

Col cannocchiale del maggiore speculai i provvidenziali quadrupedi, ed annunciai due barili. Un flauto a questa novella modulò dolcemente le note del brindisi nell'*Ernani*:

"Allegri beviamo...".

– Un flauto! sclamai con gioconda sorpresa.

– È un giovane volontario bergamasco, sorse a narrarmi un vicino, che inneggia alla lieta fortuna. L'Orfeo della spedizione. Ha sempre marciato e combattuto col flauto in tasca.

Il cavaliero, le mule, i barili, il flauto, i presagiti prosciutti mutarono d'incanto in tripudio le prime malinconie. Il flautista, finito il brindisi, suonò una polka, che ballarono parecchie coppie di soldati. Altri con voci combinate e fuse insieme l'accompagnavano benissimo a guisa di violoncelli e di contrabbassi. Sembravamo una brigata di *virtuosi* ad una festività campestre, anziché un povero manipolo di patrioti militanti, avventurato fra quattordicimila nemici, diviso da' suoi per un ordine di fortificazioni, per la flotta e pel mare. L'Jonio e il Tirreno con onda purpurea, baciando i lidi della Sicilia, la quale, avviluppata da una nebbia di luce d'oro, pareva palpitasse in quel misterioso amplesso, l'indefinibile mormorio delle foreste di faggi, ond'era chiomata l'erta vicina che propagavasi sulla pianura in suono di note vocali, davano colore e tono a quell'idillio.

Frattanto arrivò il cavaliere.

Noi l'abbiamo amorevolmente circondato, e gli facemmo magnifiche accoglienze.

Nella notte, egli fece, sparsa la novella in Reggia del vostro sbarco, il comitato segreto vi spedì sei mule cariche di viveri e mi mandò all'istante per ragguagliarvi che bande armate di Calabresi vi raggiungeranno. Il nemico ne sequestrò quattro. Ma, continuò quel pic per attenuare la dolorosa impressione patita dall'uditorio, si riparerà senza indugio alla perdita.

Il maggiore Missori ed io, invitato il nostro ospite a scendere di sella, ci appartammo seco lui per chiedergli particolareggiate informazioni sullo stato delle cose. Egli ci chiarì che il paese aspettava Garibaldi pronto e risoluto a secondarlo, che la costituzione borbonica ottenne accoglienze irrisorie, che ogni transazione colla famiglia regnante diventò oggimai impossibile, che del resto le truppe rimanevano fedeli, che si sarebbero battute sino agli estremi, malgrado le disfatte di Sicilia, che, oltre i diciotto battaglioni custodi alla marina, dieci guardavano il punto strategico di Mileto, donde facilmente avrebbero vietato l'ingresso nella seconda Calabria a forze tre volte superiori.

– La cura di ciò spetta a Garibaldi, osservò il maggiore. Sapete ch'ei conosce il segreto di vincere coi pochissimi i molti, e d'espugnare fortezze senza uopo di cannoni; come avant'ieri Milazzo.

Durante il colloquio, il cavaliero ed io ci guardavamo con curiosa indagine come chi fruga nella memoria un'idea smarrita, onde finalmente gli dissi:

– Mi pare di conoscervi.

– E a me voi.

– Io non venni mai in Calabria. Voi viaggiaste?

– Dopo undici anni di galera, nel cinquantanove viaggiai a spese di Ferdinando II verso l'America. S'era in sessanta, e giudicammo miglior consiglio indurre il nocchiero a sbarcarci nella Gran Bretagna. Mi chiamo Gerace e nacqui calabrese.

– Ecco! vi conobbi a Londra.

– Tornai in Calabria di nascosto per preparerci degnamente ai nuovi eventi. Garibaldi si mostrerà contento della mia patria.

Egli si assunse di traversare nella notte lo Stretto con nostre lettere al Generale. Il *lapis* c'era, ma la carta mancava.

L'arrivo delle mule e la tirannia dell'appetito interruppero la ricerca della carta.

– Ecco qua la carta, disse il maggiore mostrando un foglio greggio che avvolgeva una forma di caciocavallo; e vi stese il rapporto al dittatore. Sopra un pezzo rimasto io scrissi a mia moglie, per assicurarla col fatto della scrittura ch'ero vivo e sano.

– *Sans adieu*, disse Gerace nel dispartirsi da noi. Ricomparirò con una mano di Calabresi entro due giorni. Le scolte del nostro piccolo accampamento annunciarono la colonna del comandante. Sospese le mense, si aspettarono gli amici.

Per più ruinosi sentieri del nostro arrampicaronsi essi, e noi li rivedemmo stracciati e sparuti. Ma l'insperata refezione e il favoloso bicchier di vino distribuito a ciascheduno rinnovellarono gli spiriti afflitti e fecero dimenticare le sopportate tribolazioni.

Rimessi in cammino e traversato l'altipiano, ci arrestammo ad una fattoria che sorge al piede del monte di Sant'Angelo. Ivi piantammo gli alloggiamenti. La fattoria, vecchio edificio solidamente costrutto e chiuso, aveva le sembianze d'un castello. Secolari faggi ombreggiavano i suoi dintorni, temperavano gli ardori quasi tropicali dell'agosto in quell'ultima regione d'Italia, e davano asilo alla nostra milizia. Il comandante e lo stato maggiore abitavano la casa dei contadini, prospiciente la pianura, che componevasi della cucina e di tre cameruccie basse, affumicate e misere. Il resto dell'edificio granai, cantine, fienili, rimesse e stalla; ma senza grano, senza vino, senza fieno, senza carri, senza animali. I due cordiali contadini ospiti nostri, cedettero il gramo letto coniugale al comandante; noi si dormiva sulle panche.

Il quartier generale era relativamente numeroso e singolare. Il colonnello comandante, un maggiore, quattro capitani, un luogotenente, due sottotenenti. Tre mesi addietro, di cotesti nove, uno era poeta, due avvocati, uno mercadante di tele, uno fotografista, uno notaio, uno ingegnere, uno agricoltore e uno letterato; quasi tutti soldati volontari nelle guerre italiane dell'indipendenza, indi esuli, o carcerati. Il coraggio e l'intuito supplivano alla scienza militare. La mala riuscita della spedizione scemò autorità al comandante, il quale sentì il bisogno di agire dietro proposte discusse nel seno dei nove. I nove componevano il Consiglio di guerra in permanenza, il quale entrò in funzioni il mattino del 10 agosto. Altri propose di gettarsi sopra Cosenza e provocare l'insurrezione nelle due Calabrie superiori, altri di tentare un'irruzione su Reggio. Vinse il partito di attendere sino all'indomani i soccorsi calabresi e di eseguire, quale obietto invariabile della nostra azione, una serie d'assalti improvvisi lungo lo stretto, tirandoci dietro il maggior nerbo di nemici possibile, per assottigliare i reggimenti che presidiavano la costa, e rendere così agevole lo sbarco a Garibaldi. Stabilita inoltre la nostra base d'operazione sui gioghi d'Aspromonte, eravamo in grado di ricevere istruzioni fresche da Garibaldi stesso.

I contadini c'informarono che avremmo trovate qua e là pecore, patate e cipolle, e limpidissime fontane da per tutto. Laonde rimaneva sciolto il problema delle vettovaglie.

Sul meriggio capitarono ben centoventi calabresi in sandali, cappello conico e brache corte a similitudine del nostro pastore. Li guidava De Lieto. Ognuno aveva un fucile con baionetta, due pistole a pietra alla cintola e coltello. Il giorno susseguente crebbero d'un centinaio capitanati da Plutino, e d'un centinaio la sera con Gerace. De Lieto e Plutino reggiani, Gerace di Catanzaro.

Io contemplai con ammirazione in quegli alleati uno dei più belli tipi della razza umana. Appartenevano essi alla costa bagnata dall'Jonio ed erano campagnuoli. Di statura media, di membra asciutte e vigorose; i capelli nerissimi cuoprivano, come nelle statue antiche, la fronte quadra e piena, e sotto due sopracciglia sottili e leggermente arcate sfavillavano grandi occhi a mandorla neri quanto i capelli; pure un senso arcano di mestizia velava la vivacità della loro espressione. Il naso era fine e olivastra la tinta del viso, ornato di barba folta. La testa, piuttosto piccola, posava sovra un collo erculeo, pei calori estivi ignudo; ignudo aveano anche il petto velloso. Parevami che la vetustissima stirpe della Magna Grecia si fosse in costoro mantenuta nella sua primitiva integrità.

Certamente due famiglie differentissime abitano le sponde dello stretto di Messina. Se nella calabrese si addita l'innesto greco sul tronco italico, nella siciliana vi si discerne l'innesto africano. In me le due genti, come i due paesi, produssero l'impressione di due mondi.

Epperò di tre nuovi uffiziali, di data ancora più recente, arricchivasi il Consiglio di guerra. E sommò a dodici. De Lieto e Gerace capitani; Plutino colonnello. Costui, de' principali cittadini di Reggio e di molto seguito in quest'ultima Calabria, venne a dividere la nostra sorte per afforzarci della sua influenza politica nelle nostre operazioni militari, e, abbellito il proprio nome di fama guerriera in tempi pendenti all'eroico, per presentarsi a Garibaldi, dopo lo sbarco, governatore nato della provincia, o quanto meno capo della guardia nazionale. Veramente la sua azione politica non ebbe grandi occasioni di manifestarsi in quelle selve e in quei deserti campi di patate, ma risentimmo il salutare influsso de' suoi anteriori provvedimenti, nella spedizione periodica dalle circostanti borgate delle sante mule cariche di vivande e di vino. Ed elle arrivavano scalpitando, ragliando, alzando il muso ed aprendo le labbra al sorriso, quasi per chiara coscienza del pietoso officio. E fra i soldati riconoscenti altri ne tergeva il sudore, altri ne confortava i riposi con eletto strame.

Il colonnello Plutino, uomo sui cinquant'anni, gentiluomo, di viso simpatico e di voce, alto e prestante della persona, di facile e sensato eloquio, guadagnossi prestamente gli animi; e le sue attinenze personali col conte di Cavour, se lo resero men gradito nel nostro campo ove predominavano spiriti democratici, conferirono certamente qualità al suo nome e al suo consiglio. Lungamente esule, pratico di varie genti, accostumato alle lotte della politica, aveva acquistato quella destra pieghevolezza che schiva la discussione ardente, e concede posto d'onore all'altrui opinione, quell'arte di non istancare con prolisso discorso, quella perspicacità di svolgere un'idea alla volta, inducendola da un fatto, ma celando che essa fosse la morale della favola.

La presenza di lui turbò i pensieri del nostro comandante. Calabresi entrambi, agognavano al primato nelle Calabrie, e l'uno appariva intoppo all'altro. Benché il comandante fosse colonnello e garibaldino solamente da una settimana, Plutino vedeva con occhio torbido sul crine del duce del primo sbarco in Calabria tremolare una fronda qualunque d'alloro, che mancava alla propria corona; presagiva che l'evento, benché fallito nel suo primo scopo, avrebbe procurato al rivale una pericolosa celebrità; se ne rodeva e meditava di scavalcarlo. Di poco favorevoli apparenze, piccolo, magrissimo e livido, il comandante non possedeva né eloquenza, né scienza, né pratica militare. Mi sollecitò in Milazzo di condurlo in assisa di colonnello alla presenza di Garibaldi. Dichiaratoglisi esperto dei luoghi e degli uomini calabresi, e in segrete comunicazioni coi soldati del forte d'Alta Fiumara, ci s'impegnò di consegnargli il forte in una notte, se condottiero di pochi dal cuore saldo. Il patriottismo di lui era provato, il coraggio presunto, non dubitabili i concerti narrati. Tanto bastava al Generale per affidargli l'impresa. In quanto al successo, Garibaldi riposava con animo tranquillo sugli uomini onde formò il piccolo corpo di spedizione.

Se non che il comandante stavasi pago di campeggiare in Calabria, né gran che si doleva del forte non preso, e forse non ci aveva mai pensato molto seriamente. Almeno i nostri soldati così credevano, e ne mormoravano, e rammaricavansi d'obbedire ad uomo che non conobbero in campo, e tanto più acerbamente per gl'indugi frapposti al pronto operare, sembrando loro tardi di segnalarsi agli occhi di Garibaldi con qualche gesto degno del proprio passato. Desideravano che il comando venisse assunto dal maggiore Missori, capo delle guide a cavallo, valoroso e amabile uffiziale. Taluno nel Consiglio dei Dodici favellò in questa sentenza, e ne nacque disputa penosa e infiammata. Gli uffiziali calabresi parteggiavano pel comandante come paesan o e noto in quelle provincie. L'istesso Plutino ne li secondava, perché, consigliere e difensore degli atti prudenti e d'una cauta strategia, antivedeva in che gravi repentagli sarebbe stato tratto dall'audacia del maggiore.

Si statuì alfine, sulla mia proposta, che il colonnello, serbando il comando ideale, provvederebbe all'agitazione politica da promuoversi nelle Calabrie, e che il comando reale l'avrebbe il maggiore. Il colonnello piegò a cosiffatto divisamento, avvegnaché una lettera di Garibaldi, consegnata durante la seduta, ingiungevagli di porsi d'accordo col maggiore.

Subitamente il maggiore, un calabrese ed io, cavalcando le mule dei viveri, calammo a mare per esplorare le forze e le intenzioni del nemico. Pervenuti ad un poggio che domina il forte Torrecavallo, vedemmo schierato un battaglione intorno alla cinta, reduce dalla messa. Ci mostrammo sulla sommità a due tiri d'arco. L'inattesa apparizione di due camicie rosse alle spalle del forte provocò il segno dello *all'armi*. Il battaglione dopo varie manovre ci salutò a carabinate. Noi ci affacciammo successivamente da altri poggi, e mentre un'ala dei regii cercava di girarci, i rimasti ci saettavano alla bersagliera. Nel dubbio che i nostri, volteggiando fra quei colli studiassero un assalto, tutti i posti nemici, nella lunghezza di parecchie miglia, si atteggiarono a difesa. Intanto noi, ripetuta la via, sul tramonto smontammo ai nostri alloggiamenti. Abbandonato immediatamente monte Sant'Angelo, si mosse al nord-ovest d'Aspromonte, salendo sull'altipiano dei Forestali da cui spiccasi l'ultima cima di quell'immenso gruppo appenninico, tragicamente illustrato due anni più tardi, nell'istesso mese, dal generale Garibaldi. E vi giungemmo all'alba. Il quartier generale si stabilì in una casa nuova, non finita, deserta, detta dei Forestali. La casa giace dove l'altipiano finisce e principia l'erta pittoresca, deliziata da copiose sorgenti d'acqua freschissima e pura che serpeggiano in ruscelli perenni. Volgeva il quinto giorno. Né pettine aveva solcato i miei capelli, né acqua confortata la mia faccia, né l'unica camicia ottenuto il cambio nel suo ministero da più pulita compagna. Un paio dei guanti gialli che fin allora non cavai, solo oggetto di lusso, conservarono sufficientemente nitide le unghie e le mani. Malgrado il sonno e la stanchezza grande, non mi riescì fatto di addormentarmi. Stetti tre ore in uno stato di febbrile vaneggiamento. Indi mi riscossi: spaventato e frenetico fuggii l'orribile albergo. Sembravami che cento formiche brulicassero sul mio corpo, mordendolo senza misericordia. Le giudicai formiche al tatto, ma erano pulci bisavole alla vista. Corsi al ruscello, e con precipitazione sbattendole dai panni le annegai. Risalito il ruscello ove l'onda spandevasi in laghetto, ridivenni l'uomo di cinque giorni avanti, con un lustrale lavacro. Poi m'accorsi che mancavano i pannilini. Epperò mi rasciugai al sole, e riposai soavemente all'ombra di quei boschi superbi sovra un letto soffice di foglie cadute in molti autunni.

Faggi e pini a ombrello e alcuna quercia si raggruppavano ivi in masse diverse e spartite: l'accozzamento di verdi differentissimi e la più differente struttura degli alberi inducono una combinazione attraente di prospetti e di colori. La comune robustezza e la comune vetustà imparentano quella varietà mirabile. Gli alti fusti e le separazioni delle masse, permettendo alla luce di penetrarvi, conferiscono all'insieme una trasparenza che rende eleganti quelle forme gigantesche. Fra una massa e l'altra s'interpongono umili famiglie di nocciuole, di minori alberelle e d'odorifere madreselve, onde si disegnano sentieri e viottoli e meandri che paiono opere d'arte squisita. Pochi passi dalla pendice separano la mite temperatura della primavera dagli ardori dell'altipiano; ove nella notte il freddo è intenso. Quivi il sole ci bruciava, e le stelle c'intirizzivano.

L'altipiano descrive un semicerchio di molte miglia di raggio, la cui base è l'erta, e solo punto sull'orizzonte il cilestro cono troncato dell'Etna. Ad enormi intervalli notasi, unica piacevole discordanza in quella interminabile monotonia, qualche capanna e qualche chiuso per le vacche, ma nessun vestigio d'animale vivente. L'altipiano sta a cavaliere di Torrecavallo, di Scilla e di Bagnara; e la fama che due o tre migliaia di calabresi armati campeggiassero con noi, pose il nemico in grave cura.

Esso spinse una forte ricognizione sino a Monte Sant'Angelo, e sguernì il lito da Torrecavallo a San Giovanni di due battaglioni, che si attendarono sulle alture. Dilungandoci dalla fattoria di Sant'Angelo, noi ci dirigemmo alla volta di Reggio. I contadini della fattoria udirono sussurrare d'una sorpresa in questa città, e interrogati dal nemico, lo assicurarono che vi ci eravamo avviati. Se non che nella notte, operato un subito *dietro fronte*, si ascese ai Forestali.

Il maggiore Missori propone al Consiglio dei Dodici un'irruzione in Bagnara. Plutino obbiettava vivamente che Bagnara guardavano tremila borbonici, che le truppe di Scilla ci avrebbero minacciato di fianco, che da Sant'Angelo saremmo stati circuiti e impediti nella ritirata ai Forestali, che destreggiandoci intorno alle occupate altezze avremmo parimente conseguito il fine di costringere alquanti battaglioni sulle nostre pedate, e che frattanto nuove bande paesane sarebbero giunte ausiliarie al nostro campo.

– Noi, signor Plutino, replicò il maggiore, non contraemmo l'abitudine di numerare il nemico; i Mille di Marsala vinsero a Calatafimi, liberarono Palermo. Qui siamo devoti a morte, ma vogliamo morire degnamente. Se rifiutate di seguirci coi vostri, andremo soli; troppo sciolti e snelli del resto per non isfuggire ai tardi movimenti di truppe regolari.

I partigiani dei propositi più arditi, costituendo i tre quarti del Consiglio, votarono per Bagnara. Plutino, vuotato il sacco delle obbiezioni, conclude volgendosi a noi: – Quando vi ascolto e vi guardo, bravi giovanotti, io vi adoro, ma siete matti. Nondimeno starò con voi sino alla fine.

Partimmo a mezzanotte, e traversato l'altipiano si cominciò la discesa per luoghi quasi impraticabili e inusitati. La luna cortesemente illuminava la via, ma su quelle ripidissime chine sgretolate si andava più spesso a ruzzoloni che sui nostri piedi. Una risata ad ogni caduta mantenne la colonna nel miglior umore, e alleviò una marcia di dieci ore consecutive. Le squadre calabresi non risero mai, perché colle loro scarpe di cimossa reggevansi in gamba meglio di noi; ed anche perché la giovialità e l'allegria degli Italiani del nord contrastano notabilmente colla serietà mesta e contemplativa degli Italiani del sud.

Toccati i dorsi che dividono i versanti di Scilla da quelli di Bagnara, vi collocammo i trecento calabresi affidandoli a Francesco Curzio, l'uffiziale-poeta dello stato maggiore. Essi ci proteggevano il fianco sinistro.

Eravamo scesi già sino alla zona abitata. Olivi, vigneti, cedri, aranci, alberi di frutti d'ogni sapore ingemmavano quei clivi lussureggianti. La vista del mare azzurro, della Sicilia, delle isole Lipari, le quali pel purissimo aere sembravano vicinissime, la certezza di menar le mani fra poca ora, e soprattutto l'incontro d'un'osteria c'innondarono il petto di gratissimi affetti.

I nostri soldati, seduti sotto i festoni delle viti, piluccavano beatamente i pingui grappoli pendenti di zibibbo, a titolo d'antipasto. Lo stato maggiore entrò nell'osteria. L'oste ci attendeva sulla porta con uno schioppo da caccia a due canne e col cappello in mano. Datoci con lieta faccia il benvenuto, soggiunse:

– Eccellenze! viva l'Italia! Io verrò con voi indicatore e guida, e intanto ponga a vostra disposizione la mia canova e il mio forno.

Dietro di lui lampeggiavano due stupendi occhi cilestri che ci guardavano con fanciullesca curiosità. L'oste appartandosi proseguì: – Vi presento la mia figliuola, che avrà l'onore di servirvi. Vestì gli abiti di festa all'annuncio della vostra visita, perché ell'è garibaldina. Comparve sulla soglia della bettola una bianca, bionda e dolce giovinetta sui diciassette anni, che con garbo ci salutò. – Guà!

esclamai, la Madonna del Sacco di Andrea del Sarto! Chi entrò nel chiostro dell'Annunziata di Firenze, ricorderà l'affresco insigne di Andrea. La soave testa della vergine è qualche cosa di più umano delle Madonne di Raffaello, e di più divino delle Madonne del Murillo.

Uno zendado di panno caffè con frangia d'oro piegato a quattro doppi copriva il capo della vergine calabrese e pioveale dietro le spalle. Cinque fili di corallo le fregiavano il collo e il seno. Di sopra ad una veste bianca scollata, con le maniche a campana, dal gomito in giù ricamate agli orli ed all'ingiro della parte superiore del braccio, essa portava un'elegante tunica fimbriata, di lana cremisi, alquanto più corta della vesta. Il busto pure di lana cremisi, semi-aperto davanti, con duplice riga trapuntata, disegnava due leggiadre curve sopra le spalle.

Allo spettacolo d'una sì peregrina e delicata bellezza noi restammo sospesi in atto. Io dimandai all'oste in quali acque avess'egli pescata la rarissima perla.

E costui con visibile emozione: – Sua madre era una gentildonna. Io nacqui in casa di lei e vi crebbi staffiere. Pare che fossi piuttosto belloccio. Il fatto sta che l'amai e che ella mi amò. Fuggimmo. Diseredata, visse povera meco e felice, e morì due anni or sono. Il mio pensiero, il mio lavoro, i miei guadagni, la mia vita io consacrai ad allevare Luisa. Ella non serve nessuno, perché voglio accasarla per bene.

Ed io a lui: – A guerra finita, qualche giovinotto garibaldino te la dimanderà, e da oggi mi offro compare dell'anello.

Eccellenza, vi bacio la mano, conchiuse con enfasi l'oste arzillo.

In questo mezzo, la fanciulla apparecchiò la mensa sotto la pergola e l'oste ci cosse una frittata. Rimirai lunga fiata, mentr'ella ci mesceva il vino, le sue piccole mani vellutate e nitide come quelle d'una duchessa.

Indi, approntati alcuni orci di vino e vari canestri di pane, che l'oste in fretta mandò a comperare alla borgata di Solano, Luisa percorse la fronte della colonna, dispensiera di cibo e d'entusiasmo.

Per ordine di Missori, il capitano Federico Salomone aveva già opportunamente disseminate sentinelle ad impedire la discesa in Bagnara di chicchessia. Verso mezzodì ci rimettemmo in cammino, ed ecco Bagnara ai nostri piedi: grossa terra fabbricata sul colle e serpeggiante alla marina. Vedevamo sulla spiaggia una striscia di barchette, vedevamo l'andirivieni degli abitanti e dei soldati alla spicciolata. Un vapore da guerra avanzavasi proveniente da Scilla, ed una barchetta gli remigava incontro a ricevere o a recare dispacci. Veruno indizio che il nemico si fosse avveduto di noi o che sospettasse alcun male al mondo. La difficoltà riducevasi nel sottrarci ai cannocchiali della nave. Vennero tolte le baionette e rivoltati i fucili per evitare il bagliore delle canne. Scendemmo in catena quatti quatti per mezz'ora, guazzando fra gli alberi, le siepi e le viti. Ma Bagnara distava più che a primo aspetto non sembrasse. A un tratto il monte dirupando, si dovette l'un dopo l'altro calare per entro una fessura a scaglioni, aperta nel masso di cento metri di precipizio. Poscia distesi nei vigneti e negli oliveti, e procedendo alla sordina, capitammo finalmente sopra Bagnara al tocco e mezzo.

Io comandava l'avanguardia composta dei cacciatori Bonnet. Pervenuti allo sbocco di una strada, volli cavarmi il puerile capriccio di tentare il guado sparando il primo fucile, datomi da un soldato[4] , contro alcuni lancieri a cavallo. L'inopinato mostrarsi di bande armate e combattenti che parevano fioccate dai cieli, seminò lo spavento e la confusione negli abitanti, i quali con gemiti e lai pietosi affollavansi a rifugio nelle barche dei pescatori. Ci venne udita la *generale*. Indescrivibile la baraonda dei regi; ma in tremila, eglino potettero bentosto ricuperarsi dal primo turbamento. Dopo mezz'ora più compagnie d'infanteria ci s'avventarono contro da diverse direzioni; s'accese un fuoco vivo e le respingemmo successivamente. In pari tempo da Bagnara di sopra, sulla nostra destra, un movimento di fanti, di cavalli e di cannoncini sulle schiene dei muli mirava ad interromperci il ritorno. Laonde pacatamente ci ritraemmo; all'avanguardia nella discesa, ero alla retroguardia nella salita. Giunti all'ardua scala della rupe, i miei cacciatori avevano bruciata l'ultima cartuccia. Il bergamasco flautista, uno di loro, vuotata più presto dei compagni la giberna, pose mano al flauto, e fra il sibilo delle archibusate suonava in aria di scherno *La bella Gigogin*, equivoca canzone lombarda, che ci fece prorompere in argoliche risa. Ma il nemico parve svogliato di venirci a panni. Cotti dal sole, trafelati, quando piacque agli Iddii montammo all'ultimo gradino. Ripiegando sovra Solano, trascorremmo a sinistra dell'osteria, più veloci dei regi che volevano interdirne quel passo strategico; però più veloci di poco.

Ivi si mangiò e si bevve in pace. Io alloggiai in casa d'un prete, il quale mi ammannì un piatto di maccheroni al pomodoro e mi diede una camicia di bucato, in cambio della mia che rassomigliava alla tavolozza d'un pittore. Però essa era di finissimo lino, e l'accorto prete giudaicamente me ne infilò una di cotone piuttosto sdruscita. Badate ch'è consacrata, ci mi disse con ciera di furfante. Ed io di ripicco: – Se non che la mia vi paga i maccheroni d'un trimestre!

L'odore di bucato mi sollevava ad un mondo nuovo! Quanti dolci pensieri, quanti ricordi, quanta delizia da quell'odore! Steso sul sofà e rapito in mezza estasi m'addormentai. Il prete rientrò nella camera e scuotendomi diabolicamente: – Il nemico, il nemico, ululava; presto, presto, non mi compromettete.

Traballando, instupidito dalla stanchezza e dal sonno, esco e m'unisco al residuo dei compagni sulla piazza. Alcuni istanti prima v'era arrivato l'oste a tutta

---

[4] Questo soldato si chiama Achille Olivieri e vive a Castel D'Adrio nel mantovano [Nota dell'A.]

corsa, senza cappello, senza gabbano, coi capelli irti, tralunato, cadaverico, disperato. Appena potè articolare le seguenti parole: – Gl'infami trucidarono mia figlia!

Oppresso da mortale angoscia cadde svenuto. Scoppiò un'esclamazione d'orrore dal petto d'ognuno di noi e dei paesani accorsi; e ci rodemmo le mani d'esser troppo pochi e senza munizioni per trarne immediata vendetta. In mancanza d'acqua di Colonia, riversammo una secchia d'acqua di pozzo sul capo del padre infelice, il quale tosto ricuperò i sensi.

Parlando e piangendo raccontò che millecinquecento uomini muovevano a marcia forzata verso Solano per circondarci e conquiderci; che un distaccamento, invasa l'osteria, minacciato di morte la figlia perché soccorse e onorò i garibaldini, le consentì la vita a patto del disonore; che, essendosi ella fieramente rifiutata, ed avendo impugnato un coltello da cucina per ferire chiunque avessela avvicinata, un sergente destramente l'agguantò al polso e disarmolla; che dibattendosi ella e svincolandosi dagli infami amplessi e gridando, uno di loro le vibrò un colpo di baionetta sul volto. La vista del sangue inebbriò quei crudeli, che di più colpi la trafissero. – La selvaggia scena, proseguì quello sventurato, rappresentarono sotto gli occhi miei, guardato da un picchetto di soldati e destinato ad una regolare fucilazione. Profittando della ressa dei sopravvegnenti e dello scompiglio causato dalla curiosità, mi sottrassi ai custodi, balzai nel vigneto. Inseguito per un miglio e fulminato, alfine mi perdettero d'occhio, e col cuore rotto mi trascinai fin qui.

Da una formidabile posizione sopra Solano aspettammo di piè fermo per due ore il nemico, il quale non osò nemmeno penetrare nel borgo, sin che non ebbe certezza che ripigliammo la via del ritorno.

Da quell'altura si assiste ad uno spettacolo che forse non ha pari: l'arcipelago Eolio, il golfo di Gioia, lo stretto di Messina, ed alle due estremità del quadro due vulcani, Etna e Stromboli. Che mare! che monti! che cielo! che luce! che linee! che palpito di natura! quante memorie! quanti secoli! quanti popoli! quante civiltà!

Il sole tramontava. Involuto, in una nebbia leggiera, pigliò figura di globulo rosso, e l'occhio poteva affisarlo impunemente. Parve che quel globo posasse alcuni minuti secondi, come sovra candelabro, sulla punta dello Stromboli, piramide isolata in mezzo al mare.

Pieno la mente del magico tramonto e dell'immagine di Luisa morta, che sul mezzodì contemplai fiorente di vita, di bellezza e con tutto un mondo incantato davanti all'ingenuo pensiero, rifeci malinconicamente le sei ore di strada che avanzavano per arrampicarsi ai Forestali.

Pervenuti al sospirato altipiano, ci venne veduto gran chiarore sulla direzione della nostra casa, il quale cresceva a misura che c'inoltravamo. Che il nemico si fosse spinto costassù da Sant'Angelo fu la prima idea nostra. Epperò sostammo per raccogliere la colonna e regolarne le mosse colle debite precauzioni. Ventidue ore di moto per quelle rupi esaurirono le forze della nostra gente.

Appena fermati, quasi tutti si addormentarono di primo acchito. I Calabresi, rimasti alla retroguardia, serbaronsi freschi e gagliardi, e li collocammo in prima linea, guardiani del sonno d'un'ora consentito agli altri.

Faticosamente si ottennero da quelli cinque cartuccie delle cinquanta onde ciascuno aveva zeppa la giberna, e le distribuimmo ai nostri già rinfrancati e presti. Con movimento obliquo su tre ordini si procedette innanzi, impiegando due ore e mezzo a fendere l'eterna pianura. La luce mano mano diventando gran fiamma, cadde ogni dubbio che non fosse fuoco di accampamento. Eseguito un movimento di fianco sulla destra, per tentare di gettarci a ridosso dell'erta, si mandarono alquanti cacciatori a riconoscere il vero. Scopersero costoro cinquanta calabresi accorsi ad ingrossare la nostra schiera, i quali, costrutta una pira di vecchio legname razzolato intorno alla casa dei Forestali, vi s'assisero dappresso placidamente per riscaldarsi, e novellare, ed affettare prosciutto, e mescer vino. Si mangiò adunque divinamente, si bevve un bicchiere di più alla salute de' nuovi commilitoni, che s'assunsero per quella notte la guardia del campo, e si dormì profondamente fino alle dieci.

L'impossibilità di trasportare i feriti tra quegli scoscendimenti ci obbligò di lasciarli a Solano. Il nemico trasseli prigionieri, ma li trattò con umanità, forse considerando che anche noi ne avevamo dei suoi. Un messo speditoci da un patriota di Solano riferì ch'ei vennero trasferiti a Reggio.

Entro un mese andremo a riprenderceli, gli disse Missori. Un fuggevole sogghigno d'incredulità sfiorò la bocca dell'astuto messaggiere montanaro. E la medesima incredulità mantenne inespugnabili al nostro apostolato i prigionieri borbonici. Impossibile indurli a militare sotto la nostra bandiera e a ridiventar liberi. Anteposero il proprio stato, benché dovessero seguirci e partecipare ai nostri pericoli. Io particolarmente mi occupai di convertirli alla religione della patria italiana. Ma non m'è venuto fatto nemmeno d'ottenere il menomo ragguaglio sulle cose del nemico. A qualunque quesito, l'uno come l'altro, regolarmente rispondeva: – *Non saccio*.

Il messaggiere per cortesia non rivocò in dubbio l'asserzione del maggiore, né bastatogli l'animo di spingere l'adulazione sino a simulare di aggiustar fede a ciò ch'ei giudicava l'assurdo, mutò discorso, avvertendo che aveva seco la cassetta dei medicinali, e una sacchetta di biancheria per filaccie commessa da noi a Solano. Così dopo una settimana poté curarsi la mano del veneto ferito la prima notte, impassibile come uno spartano, arguto come un ateniese. Il chinino ci restituì una mezza dozzina di malati della terzana: ma senza lacryma-cristi e senza bistecche non erano sanabili altri sei o sette esinaniti dalle fatiche.

Quel mattino tutti i soldati vispi e ciarlieri aggiravansi nudi e crudi intorno al ruscello, da essi denominato il Giordano, altri bagnandosi, altri risciacquando le camicie o sbattendole su qualche sasso, o distendendole al sole. Una buona dormita, il bagno, il bucato, e la prima zuppa calda con brodo di prosciutto distribuita poi, li abilitarono a nuove gesta.

Nel consiglio dei Dodici si discusse naturalmente, il medesimo mattino, la nostra situazione. Volgeva il settimo giorno dallo sbarco: esigui gli aiuti calabresi; veruna notizia di Garibaldi; sfiduciate le ultime lettere del Comitato di Reggio; incertissimi i viveri, quasi sempre rapiti dal nemico; e finite le munizioni.

Riversiamoci nella Calabria citeriore, propose il capitano Salomone, appena tornato dalle solite escursioni per istudiare i luoghi, com'egli solea dire, e collocare gli avamposti. Gli avamposti costituivano la sua idea fissa, e quando noi, dopo una giornata di cammino, ci sentivamo rifiniti e rotte le ossa, egli tranquillamente si addossava la cura di descrivere un cerchio di sei o sette miglia di montagna "per istudiare i luoghi e collocare gli avamposti". Nato abruzzese, partecipava alla natura ferrea degli orsi, suoi compaesani. – Penetriamo nel Cosentino; al nostro mostrarci, quelle fiere popolazioni sorgeranno e conquisteremo a Garibaldi un lido per l'approdo, e gli daremo una provincia per l'azione. Che cosa ci ripromettiamo fra questi burroni e questi boschi deserti? Qui noi possiamo gettare i nostri denti dietro le spalle come Cadmo, ma non ne nasceranno patrioti armati. Se il nemico possiede un'oncia di senso comune, con poche pattuglie volanti può impedire le vettovaglie, e senza consentirne l'onore di un fatto d'armi, in cinque giorni può averci a discrezione, ovvero al giorno sesto visitarci cadaveri su questo Calvario.

L'enfasi, l'inaspettata erudizione ellenico-cristiana, l'accento abruzzese, il crescendo della voce, lo sguardo semi-serio dell'oratore, il mappamondo sulla tunica di tela russa colorito dal sudore, il capitano Nullo, l'eroico Nullo, che lisciandosi i lunghi baffi neri coronò la concione in suo dialetto bergamasco con un *miga mal!* e un *bravo Cadmo* scattato di bocca dal maggiore, provocarono un'ilarità benevola e prolungata. Ed egli, il simpatico e valoroso abruzzese, rise al nostro riso.

Alzossi con rigido sembiante il colonnello M... comandante *in partibus*: – Più gravi di quanto pare vogliansi considerare sono le riflessioni del capitano Salomone, e degna d'esame la sua proposta. L'impresa di Cosenza fia non meno ardua e pericolosa che il nostro campeggiare in Aspromonte, epperciò conforme ai vostri appetiti di gloria. Quivi non abbiamo munizioni né modo di trovarne, onde l'istessa soddisfazione dei combattimenti ci viene contesa. Nato nel Cosentino, vi ho parentela numerosa, e amici, e clienti, e, non fo per dire, il mio nome vi suona gradito. Non credete millanteria, se vi affermo che il paese

risponderà virilmente al nostro appello e all'audacia del nostro movimento.
Nulla conosciamo di Garibaldi, e trascorsero oggimai sette giorni. La nostra
missione in questi luoghi è compiuta.

Il colonnello Plutino, a cui non garbavano le nostre scorrerie temerarie sul-
l'esempio di Bagnara, e ancora meno sarebbegli garbato vedere il rivale sollevato sugli scudi nella Calabria citeriore, si oppose energicamente a quel disegno,
asserendo problematica l'influenza del preopinante.

Questa frase dura ruppe il vaso delle ire distillate in segreto, e i due colonnel-
li si saettarono parole crudeli con pallide labbra. Richiamatili all'argomento e
consigliati di risolvere le questioni personali su altro terreno, Plutino ricuperò la
calma consueta, e suggerì di ripiegare su Gerace, forzando il nemico a distaccare dalla sua base d'operazione considerevoli forze per inseguirci sulle rive
dell'Jonio. – In tale forma eviteremo, egli conchiudeva, d'essere tagliati a pezzi
ai passi di Mileto e di Monteleone, prima d'arrivare a Cosenza, e staremo a
campo in terre popolose e liberali. Accresciute le nostre file, potremo stendere
la mano ai patrioti di Catanzaro e stabilire in questa città il focolare dell'insurrezione delle tre Calabrie. – Ieri, io così parlai, piombando su Bagnara, provve-
demmo all'ambulanza, dimani troveremo altrove la munizione. Il nemico è laggiù allo stretto; al di là vi sono i nostri che anelano di tragittarlo. Noi non gli
daremo posa sin che non l'avremo in buona parte attirato quassù. Che importa
se esso quivi ne circuirà, batterà, distruggerà, purché venga fatto a una legione
di sbarcare? Il piano ci dà patate discrete, l'erta chiare, fresche e dolci acque.
Questo il nostro centro, questo il nostro posto.

E il sottotenente Zasio: – Non sappiamo nulla di Garibaldi, ma quando ei
tace agisce: "Precedetemi, e a rivederci presto", disse quella notte che ci mandò
qui. Egli suol fare più che non prometta. Senza navi da guerra non può tentare
con molta gente lontani sbarchi. Uccello di terra e di mare, saprà toccare il continente sotto il naso del nemico, in questo estremo lembo della penisola. Quivi
dobbiamo aspettarlo, aspettarlo combattendo per stringergli la mano sul lido
ov'egli approderà.

– Propongo un'invasione a Pedavoli, disse il maggiore; là procureremo la
munizione, ordineremo comitati rivoluzionarii, e di là minacceremo Palmi.

– A Pedavoli, interruppe Plutino, fu assassinato dal popolo il patriota Romeo
nel 1848; quel popolo borbonico si opporrà al nostro ingresso, e noi dovremo
bagnarci di sangue concittadino.

– Dove si mostra la camicia rossa, gli rispose Nullo con un accento che non
ammetteva replica, guerra civile niente. La camicia rossa è l'assisa del popolo.

Si deliberò la spedizione a Pedavoli.

A traverso foreste secolari di roveri e per vallate anguste e profondissime, dopo
otto ore di cammino giungemmo a Pedavoli al nord d'Aspromonte. Io m'era

procacciato un mulo che montavo a bardosso e beavami nel pensiero di economizzare le mie povere forze ridotte agli sgoccioli. Ma la china del monte cadeva sì ripida che, per non scivolare dagli orecchi della bestia, fu gran mestieri smontare. Questa volta anche i Calabresi, malgrado i sandali e la singolare destrezza, dovettero accontentarsi di scendere sdrucciolando come noi e poi di salire a quattro gambe. Io ritentai il mulo, salendo, ma scivolato dal verso della coda, rotolai giù alcuni metri sin che un albero mi trattenne.

Dovetti starmi pago di ascendere con mani e piedi, come gli altri.

La colonna sostò ad una frescura di castagni superiormente al villaggio. Il comandante e noi, stato maggiore, s'entrò fra quelle mura temute. Pedavoli contiene duemila abitanti, e giace in una stretta gola. Era il quindici agosto. Il villaggio parato a festa, affollato di montanari del circondario, avviato da bande musicali venute da Palmi, celebrava l'Assunta. La popolazione, stupefatta della nostra inesplicabile comparsa, ci guardava con dilatati occhi. Noi percorrevamo l'unica contrada, fatta a budello, in mezzo ad una turba che aprivasi gradualmente dinanzi e si rinchiudeva dietro a noi. – Ecco la casa ove trucidarono Romeo, ci fece il capitano Salomone, il quale nel quarantotto avea militato sotto gli ordini del nobile martire calabrese e fu testimone della sua tragica fine. Bisogna vendicarlo.

Quando di repente aperta la porta della casa, ne uscì una mano di Calabresi, de' nostri, mormorando le parole: – Fuggirono!

Costoro, vecchi compagni di Romeo, staccatisi chetamente dalla propria squadra, penetrarono là entro dalla banda del cortile per placare l'ombra, giusta la loro frase, dell'estinto condottiero. Ma la famiglia degli uccisori fortunatamente riparò a Palmi, tosto che si seppe della nostra visita.

Rimandammo con severo comando gl'indisciplinati, e ci dirigemmo al palazzo del comune. Sparsa la voce che noi fossimo venuti a far pagare il fio ai Pedavolesi per la morte di Romeo, un visibile sbigottimento si dipinse su tutti i volti. Dall'altro canto noi sospettavamo che la popolazione meditasse di assalirci, e si stava in sull'avviso. Avevamo già cautamente provveduto che la colonna ci attendesse coll'arma al piede. Due paure trovavansi di fronte.

Stemmi, busti in gesso e ritratti borbonici decoravano la sala comunale: il segretario, curvato dai settant'anni e sordo, sedeva aggomitolato in una logora poltrona di pelle voltando la schiena alla porta. Capitatigli noi sopra per di dietro improvvisi, il maggiore gli picchiò sulla spalla. Ci ravvisò in un attimo il segretario, saltò in piedi colla sveltezza di vent'anni, e cercò di ricuperarsi dallo sgomento appartando il seggiolone e ponendosi gli occhiali.

E il maggiore a lui: – Siete il sindaco?

– Eccellenza, sono sordo.

– Siete il sindaco?

– Il segretario, eccellenza. Ho servito quarantadue anni. Spero che il generale Garibaldi...

– Dov'è il sindaco?

– Giovannino, rispose volgendosi all'usciere, conduci qua don Saverio; digli che ...

– Spicciatevi, interruppe il maggiore.

– Va, figliuolo, digli che venga subito. Signori illustri, io ho servito la patria, mi spetta la giubilazione con paga intera. Lor signori non vorranno cacciarmi sulla strada con sette figli. Evviva sempre Garibaldi!

– E quei busti di Ferdinando II e di Francesco II? gli domandò Salomone.

– Ho due figli gendarmi, una guardia urbana e uno carceriere, signorino. Le pubbliche magistrature sono dignità tradizionali nella mia famiglia.

– Che magistratura esercitavate voi quando i vostri concittadini uccisero Romeo? ripigliò Salomone.

– Ah! Romeo, buon'anima. Peccato che la memoria di lui... Tant'è, la sua riputazione rimase macchiata.

– Macchiata! sciagurato sghèrro borbonico, proruppe Salomone colle pugna chiuse.

– Macchiata, eccellenza, proseguì il segretario in atteggiamento supplichevole e con aria ingenua, dalle calunnie del governo di Ferdinando II. Perla d'uomo Romeo! Posso attestarne, perché fui suo carceriere in altri tempi ... Ecco don Saverio!

Il sindaco ci accolse graziosamente, fornì la nostra truppa di viveri e ci volle ospiti suoi.

Naturale curiosità punse la moltitudine in grande frequenza verso il castagneto ad ammirarvi quei terribili garibaldini, onde la fama aveva divulgate cose portentose, nelle quali entrò senza punto di dubbio la coda del diavolo. Erano laceri, scottati dal sole, smagriti dai disagi, ma in ogni soldato discernevansi ben presto i lineamenti, il contegno e i modi del gentiluomo.

Distribuiti una razione di vino, di pane, di salame fettato e sigari, pagata sul luogo ogni cosa da ciascheduno con alto stupore della folla spettatrice, svanirono a poco a poco i reciproci sospetti, principiarono a fraternizzare insieme i nostri ed il popolo, e fatte venire le due bande musicali, la solennità religiosa e la processione per la Madonna tramutaronsi in una festa da ballo che si protrasse sino a notte. Cantarono inni patriottici insegnati e appresi al momento; e con questo musicale apostolato, colle *furlane*, colle *monferrine* e colla *tarantella* le turbe si accesero d'entusiasmo italico. Capo orchestra Libero Stradivari, pronipote dello insigne fabbricatore di violini.

Dai discorsi, dal portamento, dalla cortesia e dal pagare a pronti contanti, quei montanari compresero che non eravamo soldati di mestiere, che militavamo per una causa generosa, epperò le mogli e le figliuole, derogando alla selva-tichezza nativa, obliata la chiesa e l'Assunta, parteciparono al ballo campestre.

Il sindaco ci preparò un lauto pranzo e invitò gli uomini principali e liberali della terra. Gli uffiziali calabresi rifiutarono l'invito e s'astennero dall'ingresso in Pedavoli. Accusavano la popolazione della morte di Romeo; censuravano la nostra imprudente fiducia e predicevano un tradimento. Essi accamparono le loro squadre in poggio più eminente, per separarsi dai paesani.

– Non scendete a Pedavoli? dimandai al colonnello Plutino.

– A vendicare Romeo?

– No, a mangiare un pollo arrosto.

– Temo il veleno, o un'archibusata dalla finestra d'un granaio.

– Contemplai or ora la mensa imbandita dal sindaco; c'è fior di maccheroni e burro eletto, e mastelletti opimi di miele, e vini prelibati, e frutta superbe, e fiori, e olezzante biancheria, e posate d'argento e lieti visi. A questi patti, caro colonnello, vale la pena di lasciarsi avvelenare.

– Ottimamente; ma non vengo.

Dopo il pranzo il comandante M..., in tutta la pienezza della sua autorità politica consentitagli dal Consiglio dei Dodici, istituì un Comitato di rivoluzio-ne in Pedavoli, spedì lettere circolari in tutte le città e borgate della Calabria, con istruzioni di ordinamento e d'insurrezione simultanea alla notizia dello sbarco di Garibaldi. Il valentuomo sottoscrisse codeste circolari nella seguente conformità:

"M..., colonnello di stato maggiore, aiutante di campo del dittatore generale Garibaldi, comandante in capo il primo corpo di spedizione sbarcato sul conti-nente con pieni poteri civili e militari!".

Poscia si mandò a Palmi per la munizione che doveva esserci ricapitata in Aspromonte. L'indomani retrocedemmo, e sulle quattro pomeridiane rieccoci al nostro campo dei Forestali, ove ci aspettava una bella francese, *madame Le M...*, corrispondente del *Journal des Débats*, partita la vigilia da Messina. C'informò che il dittatore scomparve, che l'ansietà e la perplessità erano univer-sali, che il grido pubblico dava noi per morti e seppelliti.

Alle sei il capitano Salomone, reduce dagli avamposti, annunziò che alcune masse nere discernevansi ad intervalli alle estremità dell'altipiano. La nostra Armida se ne tornò senza indugio, e rapì un Rinaldo dello stato maggiore. Missori ed io, oltrepassati gli avamposti, ravvisammo un grosso corpo di nemi-ci spartito in tre colonne. Le due ali, avanzando più rapidamente del centro, intendevano precluderci ogni scampo. Alle sette e mezzo seimila uomini con cavalleria e pezzi da montagna, sviluppati in una linea di cinque miglia, ci si offersero in battaglia a breve distanza.

Dalla nostra parte i Calabresi occuparono la sommità dell'erta, i duecento le falde. I malati vollero che li trasportassimo con noi; ma il medico dimenticò nella casa le medicine, e i cuochi abbandonarono le pecore scuoiate, i prosciutti e il pane. Era il crepuscolo. Le due ali nemiche a perdita d'occhio raggiunsero i monti e penetrarono nei boschi, il centro s'inoltrò a un miglio dalla casa; due compagnie di cacciatori ne esploravano le circostanze per impadronirsene.

– Non c'è ragione, disse Nullo alla testa delle guide, che i nostri malati rimangano senza medicine e noi senza prosciutti.

E un soldato: – Andiamo a pigliarceli.

E più voci: – Andiamo.

Scendemmo in trenta, e scambiate alcune carabinate, con una corsa alla baionetta disgomberammo il sito, e mercè la sinuosità del terreno, delle piante, dell'oscurità crescente, traemmo in salvo pecore, cerotti e pentole. Quindici al trasporto e quindici alla difesa. Non si lasciò indietro né un'oncia di carne, né una benda. Qual cena rapita ai cacciatori napoletani lassù! in quella solitudine *senza tempo tinta*!

Troppo affaticati per consolarci di essere riusciti nello scopo prefisso alle nostre operazioni militari, adescando sui nostri passi cotanto nervo di nemici, abbiamo dormito tre ore. Altri però, non io, dormì. Il freddo crudissimo s'impossessò senza misericordia della mia povera persona, protetta da un paio di calzoni di tela e dalla camicia rossa. Due guide, Stradivari e Lena, stavano accovacciati a me da lato sotto una grama coperta. Lena mi raccontò che, sospeso tra la veglia e il sonno, io protendeva le braccia tremanti e irrigidite verso la coperta coll'ansia del naufrago, e che egli, vinto dalla pietà, me ne stese un lembo sulle ginocchia. Ricordo che in quella notte implorai la morte come gran ventura; avevo la sensazione e la convinzione che mi sarei lasciato tagliare a pezzi dai Napoletani, impotente, non curò di difendermi, di muovermi. Il mio pensiero pareva anch'esso gelato come le membra. L'ultima e forse l'unica cosa pensata fu che Cocito, ove si gela, era troppo più terribile pena di Malebolge ove si brucia, e che Dante se ne intendeva.

Trascorse quelle tre ore assassine, venne comandata di rimettersi in viaggio. Fatti venti passi a guisa d'ubriaco, ricuperai via via l'uso delle giunture e della coscienza, e ridiventai me stesso. Si camminò indefessamente tutta la notte, e fra le altre contentezze si dovette guadare un torrente sino all'inguinaia, ma, rincalorite le membra, non ci si abbadò gran che. Abbiamo corso il tramite d'una freccia tra quelle foreste e quei valloni verso mezzodì, per isguizzare dall'abbracciamento stimato inevitabile del destro corno borbonico.

La subita partenza ci crucciò soltanto in causa della munizione. Temevamo che il nemico l'avesse sorpresa strada facendo, e per giunta avesse fucilato i portatori. Non potevamo attenderla a Pedavoli senza essere tagliati fuori da Aspromonte, senza smarrire l'obbietto delle nostre manovre.

Il momento era grave. Il nemico, dieci volte più poderoso, c'inseguiva come un limiero. Qualche giorno ancora e avrebbeci presi o gettati in mare. Impossibile, né voluta, una contromarcia al nord. L'opportunità e la fortezza dei siti rese inutili dal difetto delle munizioni. O cedere o morire. Il dilemma sfolgorava dinanzi agli occhi ardente e inesorabile. Spartite le poche vivande della casa dei Forestali, furono scarsa colazione. Nessuna speranza di mule per il desinare. La vigilia si mangiò una sola volta al mattino, in Pedavoli. E la dimane? E il giorno appresso? Abbandonando l'altipiano dovemmo dire un mesto addio alle patate. Sulla massima altezza di Aspromonte, nella più stupenda foresta di pini veduta da me, le pigne vennero invece di patate. Taluno susurrò di travestimento, di discesa all'opposta marina, e di veleggiamento alla chetichella per Catania.

Tal'altro mostrò buon viso alla capitolazione offertaci dal nemico dianzi: – trasporto in Sicilia armati – onori di guerra. Ma codeste pusillanimi ciarle senza conseguenze, derise e respinte da altre ciarle contraddittorie, interruppe un grido prolungato d'entusiasmo riecheggiato per la pineta.

Due intrepidi abitanti di Pedavoli, conducendo tre mule cariche, seppero schivare il nemico, deluderne l'attenzione, e con travagli incredibili camminando giorno e notte per sentieri assurdi, portarci cartucce e pane.

– Credete che il pane sia avvelenato? io chiesi sogghignando a Plutino.

– Perché?

– Lo cossero fornai di Pedavoli!

– Ma la morte di Romeo?

– Ma la vita di noi!

– Insomma, volete indurmi a perdonare.

– E a mangiare il pane.

Adunate in circolo le sparute genti, il maggiore disse con tranquilla energia: – I nostri sforzi furono coronati; il nemico s'ostinò sulla nostra orma indebolendo grandemente le linee dello stretto. Noi siamo quasi circondati. Ma adesso che abbiamo le munizioni, possiamo farci valere per tre o quattro giorni ancora. Il nemico mi propose una capitolazione onorevole. Risposi che i garibaldini non capitolano. Ho interpretato il vostro pensiero?

– Sì, urlarono cinquecento bocche.

– Ma se alcuno tra voi non si sentisse la virtù pari al cimento, se ne vada sin che c'è tempo. Fra qualche ora sarà troppo tardi.

Egli tacque. E seguì un silenzio solenne. Indi riprese e dimandò:

– Nessuno parte?

Ogni capo di compagnia rispose: – Nessuno.

Proseguendo di cresta in cresta verso il sud e solleticando il nemico a tenerci dietro senza che mai gli riescisse fatto di ghermirci, improvvisamente la notte del diecisette ci gettammo sull'altro versante dell'Appennino, e dopo venti ore disastrose per dorsi cinerei e calvi, non consolati mai d'ombre né di fontane, sostammo nel fondo d'una valle.

Alla sinistra, sul fianco d'una montagna rocciosa, scoscesa e per avventura inespugnabile, biancheggiavano in lontananza le case di Bova, le quali si specchiano nell'Jonio. Alla destra ergesi un colle a pan di zucchero, sulla cui sommità sembra che esulti il paesetto di San Lorenzo.

Il colonnello Plutino vigorosamente perorava per Bova: – Ivi troveremo un sicuro rifugio fino allo sbarco di Garibaldi. Conosco il sito e gli abitanti e ne rispondo.

E il maggiore con amaro ripiglio: – Noi venimmo qui per batterci e non per nasconderci. Con tale intendimento, suppongo, Garibaldi ci affidò questo posto d'onore. Occuperemo San Lorenzo. Di là minacceremo la linea nemica da Melito a Reggio; come d'in sulla cima d'Aspromonte l'abbiamo minacciata da Torrecavallo a Palmi.

A raffermarci in cosiffatto preponimento capitò il signor Rossi, sindaco di San Lorenzo, il quale in nome dei suoi conterranei ci ha invitati colassù "per la vita e per la morte". Montati su quell'eccelso apice, vi fummo ricevuti a braccia aperte e generosamente ospitati. Il sindaco aperse la sua casa allo stato maggiore: poltrone, sofà, letti elastici, zanzariere; ogni bendiddio! bagni, specchi, pavimenti alla veneziana. Dopo la capanna del pastore, la fattoria di Sant'Angelo e la casa dei Forestali, l'appartamento del sindaco ci parve la reggia di Priamo. Il diecinove, eletto presidente della Commissione di difesa e d'approvvigionamento, spiccai varie squadre alla requisizione di bovi e di farine, e fortificai il mulino ad acqua alla radice del monte. I Calabresi dovevano presidiare la cittadella e i duecento infestare i regii lungo il semicerchio della via consolare alla marina da Amendolio a Melito, a Montebello, a Motta San Giovanni; centro San Lorenzo. Il nemico, custode della costa, s'accinse alle offese, e di tal forma la bisogna procedeva letteralmente secondo le nostre intenzioni.

Chiamato il sindaco, gli susurrai: – Signor Rossi, il vostro comune dovrebbe compiere un atto coraggioso e importante.

– Quale?

– La decadenza della dinastia borbonica e l'inaugurazione della dittatura di Garibaldi, in nome della libertà d'Italia.

– E chi salverà gli abitanti dalla vendetta del re?

– Noi, deliberati di combattere sino all'ultimo fiato, e Garibaldi che verrà fra poco. Non sentite l'aura ispiratrice delle grandi cose? Non vi seduce la gloria che questa piccola terra abbia, per prima al di qua del Faro, osato bandire il diritto umano e il diritto della patria italiana in danno e in onta dell'esosa stirpe che da centotrent'anni disonora il nobile popolo meridionale? Non vi sorride l'onore di associarvi il nome vostro?

A queste parole il sangue fluttuava alla testa del brav'uomo; goccioloni di sudore gli colavano dalla fronte; le sue obbiezioni divenivano più fiacche; io lo urgeva, se non con potenza d'argomenti, certo con molto gesto e con fervidezza di sguardi e d'accento. Finalmente egli se n'andò esclamando: "Vedremo!". Raccolse subito il Consiglio comunale. Entrarono i padri coscritti in brache corte, in sandali, in cappello conico, in manica di camicia, colle mani callose, colla pelle abbronzata, ma col cuore schietto e chiuso al timore. Un'ora di poi s'udì il tamburo che chiamava il popolo a comizio.

Dal balcone del comune il sindaco, circondato dai padri, proclamava il governo nazionale. Tuono d'assensi, applausi e pubbliche allegrezze.

– Voi, mi stillò all'orecchio l'indomani il prudente colonnello Plutino, al quale non gradivano forse questi atti d'indole popolare, vi addossate con troppa leggerezza la responsabilità di vedere probabilmente raso il borgo e trucidati i borghigiani.

– Non avrà tempo pel rimorso, considerando che dovremo esser rasi e trucidati noi dapprima.

Il fragore del cannone troncò il nostro dialogo.

Senza indugio riunimmo i soldati. Il cannone romoreggiava indefesso.

– Garibaldi! Garibaldi è arrivato, ripeteva giubilando ciascuno di noi. Prorompendo tutti da San Lorenzo alla marina, un corriere al galoppo recò il seguente biglietto al maggiore:

> *"Sbarcai a Melito. Venite.*
> G. GARIBALDI".

Alle sette con affrettato passo si giunse sul monte che sovrasta a Melito. Sul monte parallelo e separato dal nostro per una stretta e profondissima gola accampava Garibaldi con quattromila uomini. Un grido prolungato di gioia e un agitar di berrette salutarono la nostra venuta. Era la sera del 20 agosto. Giù a mare il *Franklin*, che trasportò Garibaldi, giaceva arenato, il *Torino*, fulminato da due navi borboniche, divampava, ed una terza nave mandava a noi un benvenuto di granate e di bombe. Il mattino del 22 eccoci sotto Reggio. Garibaldi, impegnato già nell'assalto, aveva guadagnata un'altura che domina la città. Quivi lo rivedemmo a mezzogiorno. Ci accolse amorosamente e ci beò col suo sorriso.

Frattanto il nemico da un colle più elevato ci tempestava con un micidiale fuoco di fila. Garibaldi ne lo sloggiò alla baionetta. Ma alle spalle il forte, nel cuore della città, ci disturbava. Garibaldi ingiunse al maggiore di scegliere una trentina dei nostri cacciatori, di accostarsi al forte cautamente e tirare ai cannonieri. Affacciato a un poggetto, soggiunse ai trenta che discendevano: – Spargetevi per ischivare la mitraglia. Non voglio un solo ferito. – Il maggiore, inteso ad altre cure, ne affidò a me il comando. Io li condussi a mezzo tiro di carabina. Eglino uccisero buona parte dei cannonieri. Noi avemmo un solo ferito. Destri e coraggiosi, in due ore di fuoco incessante costrinsero il forte a inalberare la bandiera bianca e ad arrendersi.

In quel giorno furono promessi i topi che aiutarono il leone. Io diventai luogotenente.

CAPITOLO III

VENI, VIDI, VICI

La sera della espugnazione di Reggio, Garibaldi, siccome suole, coricossi alle otto e mezzo. In letto egli costumava leggere i giornali, fumare mezzo sigaro, e ciarlare confidenzialmente con alcuni amici suoi del quartier generale, che ritti gli facevano cerchio.

Il generale Bixio, entrando vivacemente, avvertì il dittatore che il nemico ritiravasi lentamente verso Villa San Giovanni, e dimandò se dovevasi sorprenderlo. E Garibaldi, affisando con sembiante di compiacenza l'audacissimo fra' suoi luogotenenti, che gli favellava in vernacolo genovese sì caro ai suoi orecchi: – I nostri soldati hanno bisogno di riposo, e voi curatevi la ferita. Domani sorprenderemo il nemico.

– Sto benissimo, replicò Bixio, col braccio sinistro al collo, colpito di palla al mattino.

E Garibaldi sorridendo: – Le palle che feriscono voi, sembrano di pastafrolla! Poi dirigendosi al suo Basso fedele: – La carrozza per le cinque.

– Scommetto che il generale, Bixio nell'andarsene bisbigliò a Basso, fa assegnamento di pigliarsi con una scarrozzata le due brigate borboniche.

Garibaldi rifecesi brioso e ringiovanì come al padiglione della reggia di Palermo. Nella sua lunga missione di liberatore, quel giorno deve segnalarsi fra i più luminosi perché dei più decisivi.

Calatafimi preluse a Palermo: Reggio a Napoli. Aggiungi che lo sbarco a Melito gli costò più pensieri dello sbarco a Marsala.

Volgendo il discorso al marchese Trecchi suo aiutante, inviato e agente di Vittorio Emanuele, dissegli con qualche mestizia, ma senza amarezza: – Il vostro ammiraglio Persano aveva l'ordine di lasciarmi colare a picco.

Quivi Nullo mi susurrò in linguaggio bergamasco: – E senza la miseria d'un palischermo per salvare il marchese, amico di casa!

Udillo il generale e rise; indi ripigliò: – Per passare lo stretto ci fu mestieri girare mezzo Mediterraneo da Messina a Caprera, a Palermo, alle acque di Malta, a Melito, e Persano con due fregate gustava da Messina la musica delle cannonate borboniche contro i nostri tapini vapori da trasporto.

– L'ammiraglio ed i suoi padroni vollero tributarvi tutto il merito dell'impresa, generale, io soggiunsi ironicamente, sbirciando il marchese il quale, uomo senza fiele, e forse impensierito del bagno in cui l'avrebbero abbandonato gl'ingrati amici, si ritirò con noi facendo eco alle celie.

Alle cinque Garibaldi chiamò Missori, promosso la vigilia a tenente colonnello: – Precederete colle guide la mia carrozza verso San Giovanni, non più d'un miglio.

Permettete, generale, che vada anch'io colle guide? dimandai. Ed ottenni.

Eravamo una ventina. Le guide a cavallo formavano a un dipresso la guardia del corpo; leggiadri ed eleganti giovani di famiglie distinte dell'Italia superiore, o patrizi, o proprietari, o studenti. La presenza di Garibaldi, che rende valenti i timidi, aveva esaltato il loro coraggio siffattamente che ne nacque tra essi una tacita gara d'audacie e di follie. Il generale in ogni occasione andava temperando quella foga e: – Non più d'un miglio dalla mia carozza (replicò al comandante Missori); segnalato il punto d'arrivo del nemico, datemene notizia.

Il generale Cosenz doveva sbarcare a Bagnara colla sua brigata, precludere ai regii la ritirata per via di terra, e, côlti tra due fuochi, stringerli ad accettare battaglia in condizioni sfavorevoli, o ad imbarcarsi: ciò che agevolmente poteva loro riescir fatto, coperti dai forti di Punta del Pezzo, di Torrecavallo, di Altafiumara e di Scilla, e protetti dalle navi di guerra; imperocché la strada maestra costeggia la marina.

Gli aiutanti e una scorta di duecento soldati a piedi seguivano la carrozza. Noi la precedemmo al galoppo del miglio prescritto ed anche di due.

La riviera orientale dello stretto è tutta florida di paeselli, di ville, di giardini, di piante odorifere, di melagrani, di laureti e di vigne. Sotto un viale d'aranci, un gentiluomo ci apparecchiò alcuni canestri d'aurea uva e di fichi. Egli dissemi con poetica elocuzione: – Il passaggio dei vostri cavalli traccia una riga corruscante; luce della libertà.

Gli abitanti accorrevano e ci guardavano attoniti, sentendosi ad un girar di ciglio sciolte le mani dalle antichissime catene.

In breve si cominciò a pestar la coda regia, afferrando parecchi soldati rimasti più del necessario al vino e all'acquavite. Come eglino cadevano in nostra potestà, li consegnavamo alle guardie nazionali del villaggio, che di tanti militi ingrossavansi all'istante di quanti fucili erano presi. Mentre ci occupavamo dei prigionieri, Missori, il tenente Damiani e altri accorsero a diporto sino alla vista della retroguardia.

Ritornati, ci narrarono d'averla avvicinata a trecento passi, e condussero nuovi prigionieri. Ond'io al maggiore Nullo:

– Andiamo a vederla anche noi.

– Vi attendo qui, fece Missori, perché di quattro miglia precorremmo già il generale.

Nullo, il sottotenente Ergisto Bezzi, io, il sergente Quajotto di Mantova e due guide, a spron battuto muovemmo a satisfare la nostra curiosità. Alle prime case della lunga borgata di San Giovanni sovrapposta al forte la Punta del Pezzo, il conduttore della diligenza, trattenuto e interrogato da Nullo, ci assicurò essersi i borbonici di molta via dilungati. Egli favellava con voce dispettosa e ci guatava con occhio bieco.

– No, no, costui v'inganna! affermarono in coro i paesani. Ed io a Nullo: – Arrestiamolo; ha il muso sinistro e probabilmente indosso carte nemiche.

E m'apposi. Frugato, saltarono fuori lettere del generale borbonico ad agenti borbonici in Reggio, per ragguagli sulle forze e sulle mosse di Garibaldi.

Allora i paesani uscirono nella seguente argomentazione:

– Spia del nemico, dunque s'impicchi.

Ma Nullo tagliò in due l'entimena dicendo:

– La cura di ciò al dittatore; per adesso lo do in custodia della guardia nazionale.

Noi proseguimmo il nostro galoppo. Gli abitanti, dalla strada e dalle finestre mirando le sei camicie rosse in tanta fretta sulle calcagna delle truppe regie, opinano si tratti d'oratori al nemico. Indi a poco, girato un gomito della strada, c'imbattiamo in un corpo di cinquanta soldati, su due file, l'arma al piede, al di qua di un ponte. Con impulso unanime ci avventiamo loro addosso a briglia sciolta vociando:

Abbasso le armi, siete prigionieri.

Côlti all'impensata, impauriti dalla tempesta dei nostri cavalli e dal tuono imperioso della nostra intimazione, quei soldati posano le armi a terra. Ma comparsa sul ponte nell'istesso momento una testa di colonna, gli arresi ripigliano il fucile. Avevamo questi di fianco, quella di faccia. Che fare? O perire fuggendo, o perire assaltando. Eravamo sei. Ciò dico ora; allora mancava il tempo da ponderare le probabilità. L'intimazione, la comparsa della colonna, la ripresa delle armi e l'avanti fulmineo di Nullo si succedettero in quattro battute di polso. Confitti gli sproni nei fianchi dei cavalli, in un baleno balziamo sul ponte. Davanti alla nostra furia apresi la colonna, ed eccoci sull'altra sponda del torrente fra le braccia della brigata Briganti, distesa parallelamente alla strada sul largo della piazza di Villa S. Giovanni: presso al ponte due squadroni di lancieri, quindi l'infanteria. Col grido di *viva Garibaldi, deponete le armi, venite con Garibaldi*, percorriamo da un capo all'altro la fronte della brigata a guisa di rassegna in campo di manovre. E poiché gl'immobili e sbalorditi soldati né ci ammazzano, né ci imprigionano, frenando al passo i cavalli cominciamo su tutta la linea l'aperta propaganda di ribellione.

Garibaldi costà coll'esercito doppiato da nuovi sbarchi, là Cosenz con quattromila uomini vi circondano. Voi italiani come noi. Perché questa guerra fraterna? Unitevi a Garibaldi. Andiamo insieme a Venezia contro lo straniero. Garibaldi conserverà i vostri gradi. Vi chiamò valorosi Garibaldi a Calatafimi, ma le vostre battaglie, combattute per un tiranno, sono ingloriose. Volete la gloria? combattete per la libertà d'Italia. Stracciate le insegne del vostro re, il quale vi disonora. Venite con noi, o arrendetevi. Viva l'Italia! Viva Garibaldi!

La nostra franchezza, l'inusitato linguaggio, il caso nuovo di sentirsi arringati dai nemici, il nome di Garibaldi, l'arcano influsso dei tempi, la convinzione che i nostri li abbiano investiti, alcune o tutte insieme tali cause, producono l'effetto che numerosi *viva l'Italia, viva Garibaldi* scoppiano da quelle schiere, e molti soldati dipartendosi dalle file, vengono a baciarci le ginocchia, le mani, l'arcione.

Gli *ufficiali, dispostissimi* a rimpolpettarci con quattro palle in petto, interdetti dallo inatteso entusiasmo dei gregari, tacciono con viso ostile. Ma avvedendosi che per poco andare la brigata ci stende la mano e si sfascia, raccolgonsi insieme in consiglio. – Succede un intervallo di silenzio e di aspettazione. Io anteveggo in quel silenzio il tentativo fallito e il nostro eccidio, riflettendo che i medesimi soldati si batterono accanitamente in Reggio venti ore prima. Un caporale veterano, appoggiato ad un colonnino dirimpetto alla sua squadra, e che io notai a far segni e strisce irose per terra col calcio del fucile, principia a discorrere della fedeltà militare, del giuramento e dell'onore. Sul volto di quei soldati che l'udivano manifestansi indizii d'esitazione e improvvise faville di nuovi e truci pensieri.

Gli slancio contro il cavallo, che impennatosi lo toglie all'occhio dei suoi e gli saetto a mezza voce: – Ti taglio la gola, manigoldo! – Ond'egli ammutolì.

Gli ufficiali intanto comunicarono a noi e alla brigata la risoluzione di rimettersi al voto del proprio generale per passare con Garibaldi o rimanere alle bandiere.

E Nullo:

– Venga il generale! conducete qui il generale.

– Il generale, io soggiungo, comunicherà la sua decisione a Garibaldi. Accompagniamolo a Garibaldi.

Il generale Briganti fu rinvenuto in chiesa, mentre recitava il rosario. Narravasi dopo che vi avesse cercato asilo nell'idea che la brigata fosse avviluppata e senza scampo. L'aspetto ed il contegno di lui smentiano, in mia opinione, la diceria.

Al suo comparire noi gli movemmo incontro con segni di rispetto.

– Generale, fece Nullo con militare concisione, v'intimo di seguirci per trattare col dittatore Garibaldi i termini della resa della vostra brigata. Il dittatore trovasi costì dappresso alla testa dell'esercito.

Il generale, soggiogato dall'accento energico, dall'occhio fiero e dai baffi magiari di Nullo, ma, suppongo, ancora e veramente più dalla scrollata disciplina dei suoi che l'accolsero fra gli evviva a Garibaldi, rispose con sereno ciglio:

Figliuoli miei, con tutto il piacere!

Nullo ed io gli cavalcammo ai lati, da tergo una mano di lancieri.

Briganti oltrepassava i sessant'anni; bell'uomo, d'aspetto marziale, garbato ed affabile.

– Ben contento, continuò parlando, di conoscere il glorioso vostro capo, bravi giovanotti. Alfiere sotto il re Murat, militai anch'io per l'indipendenza d'Italia sul Po. Ora la mia fede di soldato è legata a Francesco II, e non la romperò. Del resto, ammiro il vostro valore e m'è simpatica la causa che sostenete.

Ed io:

– Generale, onore a chi serba la data fede!

Ed egli, guardandomi con pupille accese:

– Parole saggie.

– Ma la fede al vostro re vi rende infedele alla patria e ci fa spargere sangue fraterno per mantenerla schiava. La prima fede all'Italia. Voi dovete ricomparire generale: sul Po nel 1860, ove foste alfiere nel 1815, contro lo stesso nemico. Ivi l'onore va in compagnia della gloria.

Nel mentre di questo mio sermone di morale politica, spuntava dal ponte una carrozzella di camicie rosse. Missori, non avendo più notizie di noi, venne ad attingerne. Gli abitanti del luogo raccontarongli l'evento, ed egli entrava in carrozza con Damiani, Zasio e Manci, sottotenenti delle guide, nel mezzo della brigata nemica ad alimentarvi il nostro apostolato.

La popolazione accorse in grande frequenza sul nostro passaggio esultando dell'insperata salvazione nostra, su cui stette lunga ora trepidante. Rivedendoci, col generale Briganti, ci coperse d'ovazioni e di applausi, con ciera smarrita, come di chi assiste al compimento d'un prodigio.

Garibaldi distava da noi quattro miglia, e il generale Briganti non sapendo capacitarsi di non incontrare un soldato nostro dopo due miglia:

– Dov'è dunque il dittatore? dimandò. Non trovasi così vicino come mi faceste supporre!

Nullo, colle fiamme alle guance, risentito dell'indiretta allusione alla slealtà, rispose con acerbo detto:

– Quando sole quattro miglia separano Garibaldi dal nemico, questi è battuto o preso. Ieri voi foste battuti, oggi siete presi.

Briganti ammutolì e spinse il cavallo al trotto. Io, per indorargli la pillola, vedendolo annuvolato e, mortificato, soggiunsi con voce intermittente a cagione del trotto:

– Generale, nella guerra la realtà figura l'ordito, e la finzione il tessuto.

Rallentò egli la velocità, non so se rabbonito dalla mia spiegazione o perché compiti i sessant'anni non sia troppo agevole parlare trottando. Proferì alcune frasi che non ricordo, quando capitò il marchese. Nullo glielo presentò in qualità di capo del quartier generale.

Il marchese tenente-colonnello mi fece:

– Potete tornare indietro.

Ed io a lui:

– Accompagno il generale a Garibaldi.

– L'accompagno io.

– Ma il generale vien con noi, perché fummo noi che...

– Me ne incarico io.

La disciplina mi turò la bocca e tornai. Tornò anche Nullo, abbandonando al marchese gli allori per la non sua impresa. Nondimeno qualche minuto di poi voltai il cavallo e arrivatogli a panni gli dissi all'orecchio:

– Spedite un aiutante a schierare opportunamente i duecento soldati usciti da Reggio. Briganti crede presente l'esercito. Importa non si ricreda.

Indi mi ricongiunsi a Nullo, dirigendoci ambidue verso la brigata per rinfocolarvi lo spirito della rivolta. Ma dovemmo cedere alle istanze dei borghigiani, che vollero scendessimo in casa d'uno di loro a ristorarci. Con argomentazione perentoria, agguantate le briglie ci forzarono all'obbedienza. Discinta la spada, mi beatificai con un catino d'acqua fresca, adocchiando contemporaneamente nella propinqua sala la mensa festante di diverse frutta che parevano colte nel paradiso terrestre, onde tardavami d'irrorare la gola arsa dal caldo e dalla sete, allorché un paesano salendo le scale a salti con voce trarotta ci avvertì che un picchetto di lancieri borbonici spesseggiava, per riunirsi alla brigata. Colla faccia tuttavia bagnata e grondante, monto in arcione e mi precipito dietro quei cavalieri. Avevo un cavallo di sangue inglese che volava come Baiardo. Nullo balza in sella un istante dopo, ma lo lascio indietro a perdita d'occhio. La briglia sul collo del corsiero, oltrepasso il picchetto nemico. Girato il cavallo, grido ai sopravvegnenti:

– Indietro! siete prigionieri: al quartier generale di Garibaldi!

Un maggiore, due capitani, un medico di reggimento, quattro sergenti e otto soldati.

Il maggiore, conte C..., sguainò la sciabola.

Adesso, pensai, m'infilzano. – Io ripetei immantinente, ingrossando la voce:

– Indietro! e soggiunsi: – Anche il generale Briganti sta in nostra mano.

– Andiamo a Garibaldi, esclamarono i soldati voltando i cavalli. Alle parole e ai movimenti dei soldati, il maggiore, ringuainata la sciabola, mi disse con isforzata rassegnazione:

– Dunque prigioniero; ho una bandiera ed è vostra.

– La darete a Garibaldi. Italiani voi come noi, fatevi soldati della libertà.

Avrete avanzamenti e combatteremo insieme gli Austriaci.

Frattanto sopraggiunse Nullo.

Alla mia concione enfatica, piovuta sull'animo degli ufficiali, come acqua sulle piume di un'oca, il maggiore di rimbecco replicò con ironia signorile:

– Gli Austriaci sono lontani e i nostri costà d'appresso. Per arrivare a quelli bisogna battere questi. Vi pare! ... Ma i sergenti facendo caracollare i cavalli mormoravano:

– Sì, andiamo con Garibaldi.

E dopo di loro i soldati. Il conte accigliato seccamente li ammonì con queste parole:

– Obbediremo ai comandi del nostro capo.

L'interrogai d'onde venissero, e mi rispose:

– Da una ricognizione.

– V'ho acchiappati in tempo, amabilissimi, ragionai meco stesso: se foste riusciti alla vostra brigata, l'avreste indotta a decampare più che di passo, annunciando Garibaldi discosto con iscarsa gente. In quanto al vostro generale, avreste, al postutto, sperato di cambiarlo coi nostri uffiziali in carrozzella.

E al maggiore non mancava l'animo a ciò, sibbene l'appoggio del suo manipolo.

Durante il cammino si ciarlò di politica, di guerra e perfino di letteratura. Egli si appalesò cavaliere e di molti studii.

In fama di *filibustieri*, ci ascoltava con istupore, scoprendone gentiluomini.

Garibaldi alloggiava nella casetta di un campagnuolo. L'anticamera riboccava d'uffiziali, di patrioti del vicinato, e di corrispondenti di giornali esteri.

– Oh! proruppe il marchese.

– Tant'è, caro marchese, eccomi qua: vi presento il conte C..., maggiore, e questi signori capitani. E me n'andai per non essere indugiato nell'entrare in camera di Garibaldi.

– Non si può, non si può! mi cantarono, impedendo il passo alcuni aiutanti di campo; il generale è in colloquio con Briganti.

– Briganti o non Briganti, bisogna che gli parli senza ritardo.

Dibattuto il sì e il no calorosamente fra le due parti, alfine Basso mi annunciò. Entrai.

– Una parola, generale.

Briganti si ritrasse in disparte a guardare alcune vecchie carte geografiche appicciate alle pareti. Noi ci accostammo alla finestra. E Garibaldi a me:

– Che lancieri sono codesti?

– Nullo ed io li facemmo prigionieri or ora con un maggiore e tre capitani.

– Ebbene, che cosa volete?

– Generale, penetrammo nel campo nemico a predicarvi la ribellione; gli

animi della brigata sono sossopra; gli ufficiali si peritano, ma i soldati vogliono posare le armi. Basta che voi mandiate a gran passi le due compagnie onde
adesso disponete a far atto di presenza presso il campo borbonico, avanguardia presunta dell'esercito. Sola condizione espressa per decidere la brigata ad
arrendersi.

Io ritenevami tanto sicuro del fatto mio e con tanta foga di convinzione pronunciai il mio sermone che m'aspettavo dal generale un sì di petto. Egli con
favella pacatissima rispose:

– Lasciate andare; non ve ne fidate; io conosco questa razza di gente; lasciate
andare! E qui calarono le penne della mia presunzione. Nondimeno insistetti,
ed egli, non avvezzo a repliche, si tirò sugli occhi il cappellino. Al noto segno di
malumore, io sull'istante soggiunsi colla mano alla visiera:

– Generale, sempre agli ordini vostri.

– Bravo, fecemi con amichevole accento; ed uscii.

– Nullo, andiamo.

Afflitto e irritato lo ragguagliai dell'abortita opera nostra, censurando il rifiuto del generale.

– Se egli, come noi, conchiudevo, fosse stato testimone della dissoluzione
morale della brigata, avrebbe mandato le due compagnie in carrozza.

I compagni nostri, che desinavano cogli uffiziali borbonici in un'osteria contigua all'accampamento, divisero il nostro dispetto e il nostro cordoglio, rina-
cerbito poscia dall'arrivo di Briganti, del maggiore e dei capitani, che sedettero
a mensa con molta fame e con assai tranquillità. In su quel punto una guida ci
avvisò ansiosamente dell'arrivo di Garibaldi. Salutati i nemici, fummo in sella
in un lampo con lo spavento in cuore non gli fosse teso un agguato; e via alla
carriera ... Incontratolo a breve tratto di là, con la solita calma disse:

– Venite meco.

Abbandonata la strada maestra, pigliammo il monte a dritta. Gli cavalcava a
lato un prete, che appellavano don Cicillo, in qualità di conducitore, e dopo
mezz'ora si smontò ad una villa signorile. Da un finestrino del granaio,
Garibaldi si pose a speculare con cannocchiali San Giovanni, la brigata Briganti
e superiormente una seconda legione nemica.

– Che soldati son quelli? chiese Nullo a don Cicillo.

– La brigata Melendez.

Non istette guari a spuntare sulla via tortuosa incassata nel monte ragguarde-
vole colonna de' nostri.

Tutti i vincitori di Reggio. Garibaldi appena riseppe dell'avventurosa vista di
noi sei nel campo nemico, della conseguente sospensione della ritirata, degli
animi titubanti dei borbonici, del loro generale costretto a parlamento, mandò
frettoloso comando che si vuotasse Reggio di soldati, sollecitandoli verso San

Giovanni per sentieri indicati. Compresi allora il riposto significato del diniego di lui ai miei inesperti suggerimenti, arrossii delle mie critiche e mi persuasi che non conoscevo sillaba delle cose di guerra. Garibaldi e don Cicillo davanti, noi di dietro, e dietro di noi la colonna, silenziosi e cauti si girò il monte di San Giovanni. Protetti dall'oscurità, il generale condusse i suoi battaglioni all'opposto versante e li dispose in triplice semicerchio sulla sommità sovrastante agli accampamenti regi. Colassù, verso le dieci, una staffetta gli recò la novella che il generale Cosenz, sbarcato la vigilia con due mila uomini a Bagnara, e combattuto a Solano, attendeva un cenno ai Forestali. Garibaldi al chiaro di luna scrisse col lapis in un pezzetto di carta: "Venite subito sopra San Giovanni a marcia forzata". Poi chiamato Nullo:

– Scegliete cinquanta uomini di vostra fiducia, stendeteli in lunga catena e, radendo il suolo come draghi, avvicinatevi alle prime linee dei regi. Molestateli tutta la notte, impedite che ei dormano; innanzi l'alba coll'istessa diligenza ritornate.

Innanzi l'alba si discese a piedi in più bassa parte, occupando il monte da un fianco all'altro in linee concentriche. Sulla sinistra fu collocata sovra un poggio la riserva, e l'artiglieria più in giù; a diritta la strada maestra, unico passaggio, volgendo ad angolo, insuperabilmente dominavano i carabinieri genovesi. Impossibile la ritirata o la fuga. Al primo sole il nemico si trovò costretto dalle braccia di ferro di Briareo. Mentre i battaglioni gli sfilavano sotto gli occhi aprendosi come branche di scorpione, Garibaldi comandava e raccomandava non rispondessero al fuoco del nemico, il quale ci tempestava con quattro obici e colle carabine dei cacciatori.

Garibaldi poscia andò a collocarsi solo e ritto, siccome statua sovra piedestallo, sulla calva cima del monte. Visibile a tutti gli sguardi, vedevalo anche il nemico e salutavalo con una pioggia di granate che cadevangli intorno o scoppiavano in alto. Cinquemila camicie rosse in una serie di curve parallele gli fiammeggiavano ai piedi, formidabili e pittoresche. Alla base agitavansi irosi e impotenti i nemici ch'ei sbaragliò tante volte, e di prospetto esultava bellissima e maestosa la Sicilia ch'ei liberò. Era l'apoteosi dell'eroe.

Conferito il comando di ciascuna linea ad un suo aiutante di campo, ordinò a me di unirmi al marchese. Ambedue, passeggiando da un capo all'altro della nostra schiera, si vigilava affinché i soldati non perdessero l'imposta pazienza.

Il nostro silenzio non sembrava vero al nemico, il quale raddoppiava di vigore e di precisione ne' suoi colpi invendicati. Ognuno di parte nostra sedeva sul pendio col fucile per terra, aspettandosi d'un punto all'altro di passare a miglior vita da quella comoda giacitura. Né tutti più tardi si rialzarono. Udivo un sordo fremito nelle file e notavo la mal celata ansia di placare le ombre dei compagni spenti, sommergendo i regi nello stretto. Pure, durante tre ore consecutive di quella gragnuola di palle, non un sola schioppo si sparò dal nostro campo, benché l'avanguardia fossesi accostata ad un tiro di pistola all'opposta avanguardia.

A me quella inflitta immobilità e quell'astensione dalle offese apparivano enigmi indecifrabili; ma, rimembrando il granchio del giorno prima, non dubitava ne dovesse emergere un risultato solenne quanto imprevedibile.

– Caro marchese, io cominciai, sediamoci qui, e fumiamo un sigaro.

– Non fumo che dopo colazione.

Nell'accendere il sigaro, una granata scoppiata a pochi passi ci gettò sul volto grumoli di terra.

– Ecco la colazione; fumate, marchese. – Per avere pace fumerò.

Le palle dei cacciatori sibilavano spessissime vicino a noi; onde io ricominciando:

– Certamente, marchese, vi riconobbero. I cacciatori vogliono uccidere l'amico del re nemico. Vi veggo e non vi veggo.

– Ma voi non siete qui anche voi?

– Sì, ma non partecipo ai vostri amori, e codeste le sono palle che non mi riguardano. – Stranezze di voi altri repubblicani! Di razza felina, dicono: per altro nella vostra specie ridonda la giovialità. Ma bando agli scherzi: qui tirano da indemoniati; se morissi, raccogliete questa mia borsa ad armacollo; la seconda tasca contiene una carta depositaria delle mie ultime volontà. Consegnatela alla mia signora in Reggio.

– Povera e bella signora! dovrò raccomandarla al vostro re?

– No, perdio!

– Ho capito...

Alla quarta ora Garibaldi fece inalberare la bandiera bianca, e scorgemmo ondeggiare dal tetto d'una casuccia in prossimità del nemico una coperta di lana confitta ad un palo e sostenuta da un soldato. Di repente il soldato stramazzò boccone sul declivio del tetto e la bandiera cadde su esso.

– Gli mancò un piede, dissi al marchese; si rialzerà, ma ciò prova che Garibaldi e bandiera bianca stanno insieme come l'acquasanta e il diavolo.

– Pregiudizi! sclamò il marchese con filosofico sogghigno.

Se non che l'oste moltiplicava le offese, il soldato caduto non si rizzava, ed un secondo spuntò dall'abbaino a risollevare la coperta di lana.

– L'hanno ucciso! l'hanno ucciso! Ah! gl'infami! ognuno gridò; e tutti, punti dall'istesso sdegno, si vibrarono sui piedi minacciosamente. E non si stimi lieve assunto l'averli frenati. Il fuoco indi principiò a rallentare, e grado grado tacque. Chiamati, il marchese ed io salimmo a Garibaldi.

– Andate a Melendez, egli comandò al marchese, intimate che consegnino le armi, e che se ne vadano a casa. Discese il nobile oratore, e a suono di trombetta entrò nella tenda del generale regio.

In questo mezzo la staffetta della vigilia ricomparve a narrare imminente l'arrivo della brigata Cosenz da Aspromonte.

– Movetele incontro, ingiunsemi Garibaldi, e schierate un reggimento sulla sommità del monte. Il secondo gli si accampi da tergo di riserva.

A un quarto d'ora di là sostava l'ambulanza generale proveniente da Reggio, e con essa rividi dopo venti giorni la moglie mia, la quale mi donò un paio di floride pesche. Assegnati i luoghi alla brigata, porsi a Garibaldi la più bella pesca del paio, che gli fu inaspettata, peregrina ed unica vivanda in quella giornata.

La brigata Cosenz, opportunamente venuta e stesa a foggia d'immenso festone sull'arco della montagna, completava la scena stupenda e conferiva a noi, per la prima ed ultima volta durante la campagna, una superiorità assoluta sui borbonici.

Il corpulento marchese, affannato dall'alpestre passeggiata, accompagnò al dittatore due uffiziali a parlamento, un capitano e un sottotenente.

Garibaldi sedeva a terra fumando, dopo mangiata la pesca, l'invariabile mezzo sigaro. E noi lì da presso.

Si volse al capitano con ciera fosca e con un punto interrogativo. Il capitano, avvezzo alle etichette militari, alla pompa delle decorazioni, degli spallini e dei pennacchi, parve sorpreso della giacitura del generale, dell'abito modesto, del cappellino più modesto, del mezzo sigaro d'un soldo e della squallida comparsa dei suoi aiutanti. Tradendo da fuggevoli contrazioni della bocca un senso d'alto dispregio, si diffuse in una lunga parlata sulla efficacia delle proprie posizioni, sulle forze prepotenti, sulle navi, sull'arrivo del generale Viale.

E Garibaldi troncando quella sventurata eloquenza:

– Veniamo al fatto. Posso trarvi prigionieri o gettarvi in mare; ma vi lascio partire disarmati o venire col vostro grado al mio campo. Vi do tempo sino alle due pomeridiane. E rimandolli.

– Meglio gettarli in mare e vendicare il soldato della bandiera bianca assassinato, proruppe un sottotenente vestito a nuovo e assiso sul ciglione.

Garibaldi, udendo il feroce consiglio, girò lentamente il guardo sul crudele interlocutore.

– Chi è quel gagliardo? m'interrogò sottovoce.

– Gallenga, il regicida, corrispondente del *Times*.

Non sorrise egli, perché grave pensiero l'occupava in quel punto, ma l'ala dell'ironia gli sfiorò, passando, le gote.

Quivi un episodio alla marina richiamò l'universale attenzione. La *Borbona*, pirofregata regia di 50 cannoni, transitava fra Scilla e Cariddi.

La nostra artiglieria da campo, in batteria alla spiaggia del Faro, osò attaccarla. Noi godevamo di lassù, come da loggia di anfiteatro, lo spettacolo nuovo e ammirando. I nostri giovani artiglieri tiravano da disperati. Notavamo con chiara veduta ogni colpo esatto o fallito, e con cuore palpitante esclamavamo:

– Basso! alto! bene! ancora!

A Garibaldi "Sì buon guerrier al mar come all'asciutto" scintillavano gli occhi d'inusitato splendore.

– Peccato che si guasti, perché nuova, gorgogliava il marchese. S. M. il re Vittorio Emanuele non ci manderà le sue congratulazioni per questa ragazzata.

– *Laissez les enfants gagner ses éperons*, risp_osegli Garibaldi senza staccare dal ciglio il cannocchiale.

Prime armi in vero della sua artiglieria! Mutò i fianchi più d'una fiata la nave superba, e molti danni e morti seminò, ma s'ebbe accoglienze di mano in mano più aspre. Più spessi i colpi e più certi partivano dai nostri cannoni, ed essa, o fosse elezione o necessità, si risolse di proseguire la rotta, bersagliata a poppa meglio dal furore che dalla ragione, poiché si tirò anche quando le palle non arrivavano, e quei rimbombi innocenti sembravano od erano salve di gaudio.

Ripresentatisi oratori gli stessi uffiziali, invece dell'attesa risposta perentoria, fecero scialo di retorica, tentarono tergiversazioni, chiesero dilazioni, allusero alla speranza di vicini aiuti, o d'imbarchi notturni, e nell'ipotesi d'una combinazione posero patto indeclinabile la promozione di tutta l'uffizialità. Garibaldi, abbassato il cappellino, tuonò:

– Non mercanteggio, ed ora rifiuto gli uffiziali. Andate voi a Melendez, proseguì indirizzandomi la parola, e tirando di tasca l'oriuolo: intimategli la resa a discrezione entro venti minuti dall'arrivo. Sono le quattro; alle quattro e trentacinque assalterò. Avvisatene Menotti all'avanguardia. Andateci anche voi, soggiunse al marchese e al capitano Angelini.

Calammo a gran passi, per giugnere nel quarto d'ora prescritto.

Discesi all'avanguardia, Menotti, insofferente di nuove dimore, scoppiò con labbro corrucciato:

– Ancora parlamenti! Se comandassi io! Papà è troppo buono!

Io gli comunicai i comandi del padre suo, e procedemmo oltre.

Toccato l'intervallo che separa i due campi gli oratori regi ci inculcarono di rimanervi perché non guarentivano la nostra vita dal furore dei soldati.

– Riferiremo noi al generale Melendez *l'ultimatum* di Garibaldi, e ritorneremo qui a parteciparvi la volontà del nostro capo.

Indignato più che stupito dallo strano linguaggio, risposi:

– Noi non temiamo il furore dei vostri soldati. Se con aperta violazione del diritto delle genti saremo assassinati, Garibaldi ci vendicherà. Non uno di tutti voi escirà vivo da questo campo scellerato. Guardate!

E col dito indicai le nostre schiere che si condensavano alla nostra volta.

Il sole piegato all'occaso suscitava un infinito sfolgorio dalle baionette agitate e brunite. Il rumore cupo della marcia concitata e a balzi, e lo strepito delle armi, pervenivano chiari al nostro orecchio. Quella paurosa sensazione penetrando, pel duplice adito della vista e dell'udito, al cervello dei soldati borbonici, deve avervi raddrizzati alquanti pensieri irrazionali.

– Ora, ripigliai, conducetemi alla presenza di Melendez.

Ivi la china del monte s'interrompe e dilatasi in largo piano orizzontale, festante di vigneti e d'orti, ove campeggiava la brigata Melendez. Quinci il monte dirupasi sino alla Villa S. Giovanni. Introdotti a Melendez, gli ripetei senza esordio il corto dilemma di Garibaldi, coll'oriuolo alla mano. Il gentile marchese s'industriò di addolcire con melato eloquio l'acerbità del mio detto, e, con esempi, citazioni, sillogismi, di trarre il vecchio generale a mansueti consigli. Ma io rammemorando la cura di Garibaldi, per suoi motivi a me oscuri ma religiosamente riveriti, d'evitare la lotta, tagliai di netto le argomentazioni del marchese con queste parole:

– Generale, ancora otto minuti. Vedete costà? la procella s'avanza.

– Interrogherò i miei uffiziali, rispose con palese turbamento, e si ritirò lasciando a metà la concione del marchese, il quale piombato su me imperterrito, ne compendiò il resto con la seguente appendice:

– Credete; ci vuol pratica in tali negozi. Voi foste troppo letterale nell'ambasciata; io con bella maniera e con un tantino di dialettica infransi la sua ostinazione e lo persuasi. Vedrete che cederà.

– Non ne dubito. Peccato che non abbia ascoltato la seconda parte del discorso! Avrebbe ceduto addirittura.

– Perché dunque, egli riprese mestamente, mi guastaste le uova nel paniere?

Ma il nostro colloquio fu alla sua volta guastato da alti clamori. I soldati di Briganti, stanchi dei sotterfugi onde vennero tenuti a bada nella giornata, consapevoli delle proposte di Garibaldi, smossi e rilasciati la vigilia dalle arringhe dei sei garibaldini, convinti ancora più dalla rovina sovrastante, gettarono le armi, abbandonarono gli uffiziali e s'avviarono in frotte giubilando per tornarsene alle proprie case.

Mancavano tre minuti al ventesimo. I comandanti separandosi da Melendez corsero ai loro corpi. Melendez e noi movemmo ad incontrarci a vicenda. Egli ci annunziò la resa. Ed ecco Menotti coll'avanguardia, e un momento di poi Garibaldi. Una batteria, molti cavalli, quattromila fucili, e il forte Punta del Pezzo spoglie opime. La notte si dormì a San Giovanni.

L'indomani mattina (25 agosto) cavalcammo verso i forti della costa. All'affacciarsi di Garibaldi í presidî, senza intimazione, senza minaccia, senza apparato di forze nostre, ne uscivano spontanei e inermi. Così vuotaronsi successivamente Torrecavallo, Altafiumara, Scilla, quasi per incantesimo. Quei forti e le batterie del Faro, formando un triangolo inespugnabile, vietavano il transito delle navi nemiche e proteggevano gli sbarchi delle nostre genti. Garibaldi, raggiante di gloria e di gioia, circondato dai suoi generali Medici, Bixio, Sirtori,

Cosenz, contemplava la discesa dall'ardue rôcche dei trasognati borbonici, e, accortosi della presenza di mia moglie, dissele con benevolo motteggio:

– Signora, non ho bisogno della vostra ambulanza. Vedeteli là con che buon garbo se ne vanno. Andremo a Napoli posteggiando.

Appellatomi con cenno, mi commise di passare lo stretto e di ordinare al generale Milbitz l'immediato imbarco per la Calabria di seimila uomini e delle artiglierie.

Eseguii, ritornai, lo raggiunsi al di là di Scilla, ove dormì al rezzo d'una pergola a lato della strada. Durante la toilette lo ragguagliai del fatto mio.

Ed egli: – S'imbarcarono subito?

– Subito.

– Assisteste allo sbarco?

– No. Ma a quest'ora ...

Il pettine in mano, i capelli non ancora spartiti, interrompendomi a mezza frase:

– Io costumo, quando una cosa mi preme, di star sin ch'è fatta, e allora vivo sicuro che è fatta.

Sentendomi colorire il volto di tutte le tinte dell'iride, una dopo l'altra, gli risposi:

– Generale, non me lo direte due volte.

Taciturno e col capo chino quel giorno e l'altro non potevo estrarre dal cuore la spina del rimprovero. Giusto e meritato senza dubbio; ma, dedotto da un ordine d'idee a cui il mio pensiero non s'innalzò, parevami caduto dalle stelle. Militando con Garibaldi, reputasi soave parzialità della fortuna la visita d'una palla al paragone d'una censura, anche lieve, di lui. Una forse tra le cause occulte di ciò che il vulgo denomina – i suoi miracoli.

I soldati delle due brigate disciolte furono quel fiocco di neve in alpe che, rotolando, diventa valanga. Sul loro passaggio decomposero e travolsero seco i battaglioni di Bagnara, di Palmi, di Mileto, ove i cacciatori del 14° uccisero il generale Briganti. Poi l'informe massa si disperse, e ciascuno per vario cammino riparò ai sospirati alberghi domestici, memore delle ineffabili disfatte, e apostolo della generosità di Garibaldi.

Rividi il conte C..., maggiore dei lancieri, già mio prigioniero. Mi ravvisò egli e strinsemi la mano con emozione, e fra l'altre cose mi disse:

– Grand'uomo il vostro Garibaldi!

– Lo so.

– Ma agli occhi miei probabilmente per motivi diversi dai vostri.

– E perché no?

– A San Giovanni ci poteva schiacciare o mandar prigionieri in Sicilia. Quattromila nemici di meno! Qualunque generale l'avrebbe fatto. Egli tollerò, tacendo, le nostre provocazion_, e tre ore di offese. Questa sdegnosa magnanimità soggiogò l'animo dei nostri soldati più di tutte le sue vittorie.

– Affeddedieci il solo magnanimo nel suo campo! Se stava a noi, vi avremmo a suon di baionetta cacciati in seno *al gran padre Oceàno.*

– Evidentemente doveva essere il solo. Egli solo, comprendendo i tempi e il quarto d'ora, italiano contro italiani, divinò con súbita ispirazione tutti i risultati della rifiutata battaglia e della consentita libertà. Con un lampo di genio vide lo sfacelo delle nostre legioni diroccando l'una sull'altra, e in fondo del quadro il trionfo della sua idea trasfigurata in prodigio.

– Sorite demagogico, per cui il predicato della proposizione antecedente diventa il soggetto della susseguente.

– Voi scherzate e avete ragione. Ma io gemo sul precipizio della mia causa.

– Perché non vi unite al grand'uomo, campione della causa buona?

– Perché il giuramento, la gratitudine, la fede di gentiluomo mi legano al mio re.

– Tornate a casa o in campo?

– Vo a Monteleone per congiungermi al corpo di Viale. Persevererò finché avrò incontrata la morte. Voi morrete per la libertà, io pel dovere. Il vostro sepolcro sarà infiorato dalla lode; il mio non avrà che il compianto di qualche rara anima imparziale.

Io non so, ma le parole di codesto cavaliere della *legittimità,* di codesto paladino del dovere convenzionale, mi produssero una penosa impressione e mi destarono un interesse per lui molto affine alla tenerezza. Nel distaccarmi da esso avevo un groppo alla gola e gli dissi addio con voce commossa.

Pochi giorni appresso lo incontrai in altro campo sfortunato, ov'ei ripassò sotto le medesime forche caudine. Poscia riseppi che cadde trafitto nella battaglia del Volturno e che venne sotterrato con calce in una fossa promiscua fra mille cadaveri. E l'indistinta sepoltura contese alla sua reliquia la dolcezza del sognato compianto.

Da San Giovanni principiò la corsa trionfale di Garibaldi fino a Napoli. Le lagrime, le ovazioni, i fiori, i baci, le benedizioni di un popolo immaginoso, che credevasi emancipato da un *fiat* sovrannaturale, piovvero lungo trecento miglia sul capo del vincitore. Entro un modesto calesse, lo precedetti a caso con mia moglie nell'ingresso a Palmi. Le vie, le piazze, le logge, i poggiuoli, le terrazze, riboccavano di popolo. Un grido inarticolato, continuo, frenetico, ci salutò. Le donne, massime, curvandosi fuori delle finestre sin quasi a precipitarne, ci protendevano le braccia, con occhi, con visi, con detti deliranti. Hanno pigliato me e lei per Garibaldi e sua figlia. E quando più tardi capitò il vero Garibaldi, esausti i petti, rauche le gole, esalato il profumo dell'entusiasmo, s'ebbe amorose, ma non forsennate accoglienze. E qualche altra fiata mi accadde d'essere scambiato per lui. Il secondo giorno dell'entrata in Napoli, alla festa uffiziale nella chiesa di Piedigrotta, Garibaldi, inginocchiato sovra un cuscino di velluto, riceveva, dall'arcivescovo in pontificale la palma che solevasi d'antico offerire l'8 settembre al re delle Sicilie. Io gli stavo ritto di dietro ed eranmi ai lati Liborio Romano e Bertani, quando abbracciato con islancio e stretto la testa fra le mani ed il seno palpitante d'una giovane e vezzosa gentildonna fui baciato e ribaciato sulle labbra. Io non mi opposi per non parere scortese. Indi proruppi con gemito:

– Signora, ahimè! ma questi è Garibaldi.

Nelle Calabrie avanzavano tuttavia intatti ventimila borbonici fra Monteleone e Cosenza. Il generale Viale aveva divisato di contrastarci il varco difficile di Monteleone: però, temendo che gli sbandati sopravvegnenti da Mileto involgessero nell'istesso disastro la sua brigata, rinunciò al disegno e si ritrasse. Noi godevamo il fresco sotto gli ulivi giganteschi delle pianure di Gioia. Un frettoloso messaggiero portò la notizia a Garibaldi, che la sera sarebbe sbarcato a Nicotera un colonnello regio con proposte di capitolazione. La Masa, Basso ed io saliti in carrozza col generale si corse a Nicotera.

– La dedizione del nemico, io osservai, con doppie forze delle nostre, con posizioni vantaggiose, e a trenta miglia da noi, stimo il maggior miracolo della campagna. Fors'esso impaurì delle truppe disciolte.

– Potrebbe sottrarsene, obbiettò Garibaldi, accelerando la ritirata verso Napoli. Deve senza dubbio scendere a patti, perché i bravi Calabresi gli avranno nuovamente precluso il passo.

Un fiumicello diramato in due o tre rivi impedì a mezza strada l'avanzarsi della carrozza. Valicato il primo rivo saltando da un ciottolone all'altro, ci mancò il beneficio dei ciottoloni nel secondo e nel terzo, ed il generale La Masa opinò di retrocedere per tentare miglior guado.

– Non torno mai indietro, fece Garibaldi, e con piedi bagnati toccammo l'opposta ripa. Al termine d'una camminata faticosa di nove miglia in terreni sabbiosi, declinammo alla marina, facendo negli orti suburbani di Nicotera una copiosa provvista di fichi, frutto sovra tutti gradito al generale.

Aveva dianzi ormeggiato ivi la nostra corvetta il *Turkei*. Vi entrammo, soffocati dall'afa, per ristorarci. Veduti gli opimi fichi, il generale n'ebbe allegrezza grande: e, fico per fico mangiato, ne descriveva i pregi.

– Più zuccherosi a mio gusto quelli di Nizza, soggiunse, in forma di postilla, Basso, suo compaesano.

Al nome di Nizza, tacque il liberatore esule, e cessò la festività della conversazione. Abbandonati i fichi e la corvetta, montammo per una cordonata, che arieggiava il bramantesco, in cima del ripidissimo colle ove giace Nicotera.

La notte, introdotto il colonnello borbonico nella camera di Garibaldi, stettero entrambi in privato discorso mezz'ora.

Poi questi mi ordinò di accompagnarlo a bordo. Il colonnello entrò dietro e uscì intorbidato. Pungevami curiosità di saperne qualche cosa. Accennai alla bellissima rada di Nicotera, al valore dei soldati napoletani, ed a non so quali altri argomenti atti ad ingraziarmigli, e finalmente gli domandai:

– Vi combinaste?

– No. Il generale fu spinoso e inflessibile.

– Stupisco che non abbia accettato di rimandarvi liberi e disarmati come Melendez e Briganti.

– Questo ei voleva. Io gli chiesi il passaggio tutelato sino a Napoli, per risparmiare nuovo sangue. Tre brigate sostenute da altre due nel Cosentino non possono piegarsi all'ignominia di cedere le armi davanti a villani insorti.

– Ma voi siete stretti fra gl'insorti e noi. Ineluttabile la resa.

– Noi ci batteremo.

– Come vi piace.

A questo punto del dialogo, egli entrò nella lancia della corvetta il *Tancredi* e ci augurammo la buona notte. E in vero ai fianchi dei regi e di fronte si accese l'insurrezione come funesta ghirlanda di fuoco. Ardeva nel Cosentino, in Basilicata, in Capitanata, nelle Puglie. Gl'insorti del barone Stocco vittoriosamente contrariavano nella ritirata le tre brigate. Al sud di Tiriolo le montagne solcate da un ampio torrente, si sollevano a picco formando un bastione convesso insuperabile. Alla base la strada si biforca; un ramo d'essa lo gira, il secondo lo fende serpeggiando fino alle altezze di Tiriolo. Poche squadre bastano per vietare l'accesso a molti battaglioni. E vi erano le squadre dai cappelli conici, dalle brache corte e dalle scarpe di cimossa: e quegli alpestri cacciatori con infallibili moschetti tenevano le porte chiuse in faccia al generale Ghio.

Garibaldi sollecitò la marcia dei suoi verso Monteleone. A Mileto alloggiò nel palazzo del vescovo, da cui fuggì inorridito ricoverandosi all'ombra d'un pero fuori della città. Io frattanto allo sbocco della piazza passavo in rassegna i reggimenti per iscoprire il mio cavallo rubatomi a Nicotera la notte. Venne il cavallo e lo conobbi. Montavalo un giovinotto, aiutante d'un colonnello d'oltr'alpe. Furioso per le dieci miglia a piedi da Nicotera a Mileto in causa del furto, saltai davanti al colonnello e al giovinotto e trattenni per le briglie i cavalli d'ambidue.

– Scendete, dissi a costui; questo è il mio cavallo che voi rubaste a Nicotera.

Egli scendendo e abbandonandomi il cavallo, rispose:

– Lo presi d'ordine del comandante.

Con pronuncia ostrogota tentò costui di giustificarsi, ma io l'interruppi con queste parole:

– Sul monte di Villa San Giovanni, signor comandante, vi cantai più volte – alta la testa – quando la piegavate col moto della civetta al fischio delle palle. Mi rubaste il cavallo per vendicarvi?

– In quanto a te, soggiunsi al giovinotto manutengolo, voglio scaldarti le orecchie con quattro sciabolate qui sulla piazza, subito.

E volgendomi al sottotenente De Cristoforis di Milano, che rideva della scena eroicomica:

– Siimi padrino.

Ritiratosi il comandante senza pronunciar verbo né avverbio, il suo degno aiutante, il quale oltre la camicia aveva rossi anche i calzoni, osservò che, trovandoci noi davanti al nemico, ne avrebbe dapprima dimandata licenza a Garibaldi.

Ne avvertii Garibaldi, ma la licenza non fu mai demandata, né più potei ripescare il giovinotto. Due anni dopo, il comandante segnalossi contro l'uomo che avevalo alzato a quel grado.

Corsi al pero. Il generale giaceva sopra alcune pezze di damasco ecclesiastico stese sull'erba e comandava si cercasse il maggiordomo del vescovo.

– Questa genia pretina, esclamava con insolita collera, è uguale dappertutto. M'hanno assegnato a posta quel letto affinché fossi mangiato vivo.

– Che cosa accadde? feci a Basso sul cui volto riverberava l'ira di Garibaldi.

Il generale coricatosi in casa del vescovo, due centinaia di cimici, senza la retroguardia, lo svegliarono mangiando le sue carni. Per la prima volta in sua vita egli conobbe la via della fuga.

Dopo due ore di sonno, restituito alla calma abituale, mandò a liberare il maggiordomo.

Oltrepassato Monteleone, ove la famiglia Gagliardi diedeci ospitalità principesca, ci apprestavamo ad una seria battaglia contro le tre brigate, allorché si riseppe che per un ordine sbagliato o mal compreso del nostro capo dello stato maggiore generale agl'insorti, le tre brigate ottennero il passo franco e scapparono. La congiunzione coll'altre due della prima Calabria avrebbe loro assicurato il cammino su Napoli, ingrossandosi d'ottomila uomini in Basilicata, e avrebbele abilitate d'affrontarci con solida speranza di successo.

Le nostre divisioni s'allungavano sovra una linea di molte miglia accelerando il piede verso Monteleone, epperò impossibile di riafferrare il nemico che s'aveva già lasciato alle spalle Tiriolo.

Nondimeno Garibaldi commise si raddoppiasse la velocità. Egli in calesse precorse l'esercito di lunga mano.

Adagiato sul carrozzone dell'ambulanza, per altra via e la mercè di rapidissimi cavalli, precorsi Garibaldi. Mia moglie comperò un centinaio d'uova, cammin facendo, e si fece punto fermo a un'osteria oltre la Termopile oramai invano insuperabile. L'osteria era vuota d'ogni provvigione.

– Vuota per i borbonici passati testè, non per voi, disse l'oste patriota. Cateriniella, proseguì voltandosi alla figliuola, fa trasportare il vino e il pane.

Egli avevali nascosti in una fossa vicina. Indi a venti minuti ci raggiunse il generale col barone Stocco.

– Oh! esclamò sorridendo appena vide mia moglie; qui madama? Avete invertito le parti. L'ambulanza che deve seguire alla coda, antivenne l'avanguardia.

Ed ella di rimando:

– Se non vi occorrono le nostre coppette, non vi saranno inutili le nostre vivande. Venni a prepararvi la colazione.

Una solenne frittata di sessanta uova in quel derelitto luogo parve all'affamato quartier generale più pellegrina dape di tutti gli eletti e pruriginosi cibi, onde gl'industri cuochi del Gagliardi fregiarono il banchetto di Monteleone. Un tuorlo d'uovo sbattuto nello zucchero e diluito in un bicchier di vino fu sostanzioso alimento alle guide e ad altri uffiziali.

Rimbionditi così, ci rimettemmo alacremente in viaggio. Traversato Tiriolo, la notte si prese stanza a San Pier di Tiriolo. Io alloggiai in una umile casa privata in compagnia del sottotenente Picozzi, del capitano Canzio e di Antonio Gallenga.

Dopo cena continuarono a letto le più pazze risate per uno schioppettio di motteggi di codesti due uffiziali burloni a tutte spese del Gallenga. Ma ecco d'improvviso ci sentiamo diabolicamente abburattati, con cigolìo di porte, di stipiti, di travi e di muraglie. Io caddi dal letto; Gallenga n'era sceso, e barcollando come briaco, sillabò: – Il terremoto! – I sussulti e le oscillazioni perseveravano. Io agguantai in tempo la lucerna in atto di capovolgersi e la mantenni accesa. La sua luce tremolante illuminava a sprazzi la guancia costernata, il costume in *naturalibus* e le capriole del Gallenga; laonde più potè in noi questo quadretto fiammingo che la coscienza della sovrastante ruina, e abbiamo riso sino ad averne lo stomaco doloroso. Seguita la calma, l'ex-regicida, ricoricandosi, mormorava fra i denti: – Il malanno e la malapasqua. La stanchezza ci vinse e dormimmo sino all'alba, insensibili a nuove ma più umane scosse.

All'alba in sella. A ventiquattro guide, comandate da Nullo, fu commessa una ricognizione sul nemico trascinatosi alcune miglia di là.

– Badate, Garibaldi raccomandò secondo il consueto, di non inoltrarvi troppo. Io m'aggiunsi a quello stuolo d'amici, e via.

Dopo otto miglia eccoci al tu per tu coi posti avanzati delle tre brigate. Erano le cinque ore. Un torrentello separavali da noi. Discernevamo i comignoli delle case e il campanile del villaggio di Soveria situato in una valle oblunga. Sulla sua destra il colle si erge a forma di poggio ove altre case disseminate biancheggiano, e vi scorgemmo squadriglie di cacciatori. A sinistra le sinuosità del terreno si addolciscono, quindi si rizzano in colline a curva. Nel retrocedere per ragguagliarne Garibaldi, mi rivolsi a Nullo con queste parole:

– Permetti che io vada prima ad intimare la resa al condottiero borbonico?

La mia proposizione suscitò qualche ilarità negli amici, visto il nostro numero di ventiquattro, e considerato che il generale era lontano cinque o sei miglia e da quindici a trenta l'esercito.

– Lasciami andare; tentiamo. Terrò in ciarle il generale nemico e Garibaldi potrà sopraggiungere.

Stette Nullo sospeso; poi acconsentì. Per rendermi autorevole mi diede la sua berretta di maggiore, il luogotenente Zasio per compagno e una guida. Spiccato un ramoscello di salice e appiccicatovi a foggia di pennoncello la mia pezzuola, con codesto segno parlamentare, precedevami la guida. Un cacciatore con carabina spianata ci cantò l'*alto chi va là?* E la guida:

– Oratore di Garibaldi!

Introdotti nel campo, presentossi un capitano, e scambiati i saluti d'uso, gli feci con gravità:

– Il dittatore, generale Garibaldi, manda me, suo aiutante di campo, a conferire col vostro comandante supremo.

– Il generale Ghio?

Io ignoravo se Ghio od altri fosse il comandante, ma risposi come chi sa:

– Appunto.

Forse per ostentazione delle loro forze non ci bendarono gli occhi.

In tutta la lunghezza del villaggio, sui due lati della contrada scintillavano a intervalli i fasci d'armi.

I soldati altri addormentati, altri seduti; quelli in piedi scuoiavano e rosolavano agnelle e pecore. Stava adunata sulla piazza la cavalleria, e l'artiglieria in fondo al villaggio. Novemila fanti, cinquecento lancieri, cencinquanta gendarmi e undici cannoni. L'ingombro dei carriaggi, delle ambulanze, dei muli rendeva malagevole la nostra traversata, benché i soldati ci facessero ala con segni di rispetto e assai più di sbalordimento, perché veruno di loro pareva potesse spiegarsi come noi, creduti lontanissimi, fossimo già alle loro calcagna. Palleggiati per quattro mesi di sorpresa in sorpresa, eglino sentivansi moralmente oppressi da una forza arcana, invincibile e inevitabile. Nelle stanche menti Garibaldi assunse grado grado le proporzioni e la parvenza di Fato. Traluceva dai loro sembianti il presentimento di nuovi e non immaginabili guai, e affisando con molta fame e con rimesso ciglio le agnelle alla bragia, sembrava dubitassero che cuocerle non fosse sinonimo di mangiarle.

Il capitano conduttore ci fece salire una scala di legno esterna d'una casipola di contadino all'estremità di Soveria, padiglione del comandante.

Aperta la porta senza toppa, entrammo in una cameruccia atra pel fumo d'un ampio camino, ove le massaie e tre soldati attizzavano il fuoco sotto un paiuolo di fagiuoli, e sotto una tegghia di stufato che, gorgogliando, esalava soave odore di garofano. Presso una trave ospitale del soppalco nidificò una coppia di rondini, che con fidati voli andavano e venivano da un finestrino senza impannata. A traverso le fessure del vecchio solaio scorgevansi accatastate alla rinfusa nella stanza sottostante biche di paglia e fascine, e tini e botti. A lato del camino, su due scansie, una lista di piatti di peltro in costa e una di terraglia smaltata, e in basso due secchie a foggia d'anfora, di rame lustrato, appese a ganci di ferro orizzontali. Nel mezzo un tavolo ovale rivestito di noce in parte scrostata, e una pila di tre mattoni che pareggiava la differenza d'un piede rotto. Alla parete opposta del camino un letto con coltre di damasco in seta, articolo di lusso, che si consente anche il povero nelle Sicilie. Il generale Ghio, curvato sul tavolo, studiava una carta topografica nel momento ch'io m'affacciai sulla soglia della porta. Superava di poco i quarant'anni; di pelo nero, di viso bruno, di membra asciutte, aveva nei lineamenti i caratteri dell'intelligenza, dell'energia e della crudeltà. Rammentai che, colonnello a Padula nel 1857, fece falciare dai paesani in armi trentasei seguaci di Pisacane prigionieri. Erami adunque nemico e odioso. C'invitò a sedere con accoglienze compite.

– Figliuoli miei, disse ai tre soldati, andatevene. E con essi si ritirò il capitano.

– Orsù, signor maggiore, in che posso servirvi?

– V'intimo in nome di Garibaldi di arrendervi a discrezione.

– Garibaldi non si contraddice; dimandai e m'accordò la ritirata su Napoli.

– Certo non si contraddice: venne per vincere e non per essere battuto, permettendo che vi concentriate in Napoli. L'errata interpretazione d'una frase del generale Sirtori indusse le squadre del barone Stocco ad aprirvi lo sportello della gabbia.

– Aperta la gabbia, ci vogliono ben altre reti per pigliare e spennare diecimila uomini!

– Generale, se preferite la battaglia, ci batteremo; e ci batteremo come da noi si suole. Ma sul vostro capo la responsabilità dell'inutile strage.

– Un soldato non si batte mai inutilmente. Quando ogni altro argomento vien meno, sta incrollabile la ragione suprema dell'onore.

– L'onore non si scompagna mai dalla giustizia. Morendo avvolto nella vostra bandiera, non sareste pertanto onorato. La vostra causa non è giusta. Voi servite un esoso tiranno.

– Signor maggiore! egli proruppe rizzandosi e battendo il pugno sul tavolo. Le sue pupille apparvero vitree e senza luce.

– Siamo nemici e vi parlo da nemico.

I tre soldati, solleciti dei fagiuoli, rientrarono con un fastello di legna. Ghio, trapassando dall'ira alla calma, con mite favella disse:

– Ma, figliuoli miei, lasciatemi in pace; andate. E leggermente spingendoli accompagnolli alla porta.

Io continuai:

– Generale, rinunciamo alla discussione astratta, e veniamo al concreto. Voi vi aggirate in un equivoco. Vi credete libero e siete prigioniero.

– Come?

– Le bande armate di Morelli occupano fortemente le montagne di Cosenza. Una legione nostra sbarcata a Sant'Eufemia, per la via di Nicastro vi minaccia il fianco sinistro. Garibaldi vi romoreggia alle spalle con tre divisioni. E poi la Basilicata è in fiamme; il paese ostile vi nasconde i viveri, e vi obbliga di nutrirvi a tempi ineguali e incerti con qualche gregge involato.

– Le mie informazioni non corrispondono al vostro quadro.

– Fallaci informazioni; nuovo documento dell'avversione universale. D'altra parte, generale, i vostri soldati, aranti dalle fatiche, scorati dalle disfatte e figli di questa patria risorta all'alito della libertà, si negheranno d'avventurarsi a nuovi sbaragli, convinti oggimai che la dinastia borbonica è irrevocabilmente perduta. Io v'invito da capo a consegnare le armi e a sciogliere le vostre genti come Melendez e Briganti. Garibaldi vi offre gli stessi patti.

– Non accetto.

– Or bene, generale; la lotta e subito.

E m'alzai prendendo commiato.

– Ascoltate. Propongo di decampare da questi luoghi alidi per sole otto miglia. A Scigliano troverò acqua pei soldati. È una semplice ragione umanitaria. Non mi vi determina nessun riflesso strategico. Di là, meglio chiarito sulla mia situazione, tratteremo e ci accorderemo.

– Quivi e non altrove, oggi e non domani, la resa o la battaglia. Né io ho autorità di dipartimi da questo dilemma. Ma pongasi fine agli indugi: scegliete.

– Signor maggiore, vi prego di riferire la mia proposizione al generale Garibaldi e di riportarmene la risposta. Io vi attenderò.

– Vana prova. Pure riferirò. Non ricomparendo, significherà che Garibaldi rifiuta di rispondervi, e che, declinati da voi i consigli della ragione, egli s'appiglia alla ragione delle armi.

E ci separammo. Nel cuore del villaggio un colonnello correndoci incontro ululava:

– Arrestateli, arrestateli; tradimento: bande d'insorti ne circondano.

– Voi ci assicuraste il libero cammino fino a Napoli, ora espierete la mancata fede.

Un nugolo di soldati e d'uffizíali alla rinfusa ci avviluppò con grinte dure e sinistre.

– Nessuna promessa, colonnello, io gli risposi con pacata risolutezza. Le nostre promesse a voi, miratele sulla punta della nostra spada, che in questi accenti ebbimo sguainata. Se siete soldati d'onore e non assassini, largo al parlamentario!

Spronammo i cavalli e ci aprimmo il varco. Intanto un lanciere al galoppo portava il comando del generale Ghio che nessuno ci torcesse un pelo.

Il drappello delle guide aspettavaci con ansietà e principiava già a non aspettarci più. Narrai l'aneddoto, ed all'omerica rassegna delle nostre forze furono fatte le più grasse risate del mondo. E Nullo a me, allungandosi i baffi:

– Va a ragguagliarne il generale.

Dopo un miglio m'avvenni nel generale Cosenz accompagnato da due aiutanti, il quale sperava per mezzoci nell'arrivo d'un suo battaglione colle lingue fuori. Dopo tre miglia, incontrai Garibaldi, sui colli di sinistra alla testa di un migliaio e mezzo di calabresi condotti dal maggiore Mileti. Rendutogli atto dell'avvenuto, lo interrogai se dovevo recare la risposta a Ghio.

– Che risposta! venite con me, andremo a dargliela di costà la risposta!

Garibaldi, nel dispiccarsi dall'esercito coll'esigua scorta delle guide e degli aiutanti a fine di ghermire per le falde dell'abito il corpo di Ghio sguazzatogli di mano, fece a fidanza sulle squadre degli insorgenti calabresi. Le rinvenne per verità, e con la sua arte inimitabile di destreggiarsi sui monti, pensava molestare ed impedire il Ghio di tanto, suscitandogli intorno nuove genti e nuove armi, che le proprie divisioni avessero tempo di giungere.

Ghio aspettava la risposta; i soldati di lui cibavansi con penosa incertezza le agnelle rubate, e noi, un migliaio che circuiva dieci migliaia, in meno di due ore li avviluppammo. Il nemico diffuse tosto in catena i suoi battaglioni di cacciatori e le offese stavano per iscoppiare. Da un campo di mais notavamo distintamente le esperte manovre di quei cacciatori, e il generale Sirtori opinava ch'ei a loro talento potessero tagliarci a fette tutti quanti. Sirtori guardava il lato militare ed esterno della situazione e tornava difficile obbiettargli; ma all'intuito di Garibaldi non isfuggiva la visione del lato morale ed intrinseco. Conoscitore dell'aritmetica delle rivoluzioni, computò su numeri misteriosi ma reali, e venino diverso pensiero lo inforzava.

In questo mezzo spesseggiavano a manipoli i più lesti camminatori delle nostre schiere ad afforzare le gracili file dei cappelli conici.

Smontati di sella, penetrammo fra le case del poggio che domina Soveria. Garibaldi visitò i diversi posti: arditissimo quanto cauto ed anteveggente, diede le disposizioni necessarie per la varia fortuna, indi si collocò nel centro della prima linea a fianco d'una strada incassata che precipita a Soveria. I nostri della destra trassero alquanti colpi contro i cacciatori, ma i cacciatori tacquero. Nuovi colpi e l'istesso silenzio. Allora s'intesero voci sparse di *Viva Garibaldi, siamo fratelli*. Le medesime voci riecheggiarono fra i borbonici.

Accostandosi via via e questi e quelli, si confusero insieme e si abbracciarono.

– Adesso la pera è matura, esclamò Garibaldi.

Se non che il grosso dell'esercito nemico accampava in Soveria. A mezzodì sopraggiunse un battaglione di Cosenz e si postò sulla strada maestra. Allora il generale voltosi a me:

– Tornate a Ghio; gli do tempo a decidersi fino al tocco.

Andai col maggiore Caldesi. Avvertiasi già nelle truppe un incipiente movimento di decomposizione e di sfacelo. Ma non trascorsero cinque minuti, che vi capitò in mezzo Garibaldi, soletto.

Propagatasene elettricamente la notizia, un nugolo d'uffiziali staccatosi dalle compagnie gli fece ressa intorno, anelando di vederlo, di conoscerlo, d'ammirarlo. I fanti buttarono via i fucili, i lancieri abbandonarono i cavalli, gli artiglieri i cannoni.

– A casa, a casa, urlarono tumultuariamente. E in meno di un'ora quelle armi e quel campo furono nostri. Garibaldi da Soveria andò a Napoli coi cavalli di posta.

CAPITOLO IV

DITTATURA DI TRE GIORNI

Era il 7 settembre del 1860. Il conflitto delle diverse violente ineffabili emozioni provate in quel giorno del nostro ingresso trionfale in Napoli, immezzo a trecentomila persone che piangevano di gioia, che deliravano d'entusiasmo, all'improvviso e incruento passaggio dalla schiavitù alla libertà, e alla vista della figura raggiante e simpatica di Garibaldi emancipatore, aveva esauste le mie forze. Sentii, all'avvicinarsi della notte, che il mio cervello non reggeva oggimai ad alcuna reazione, quando al largo del palazzo d'Angri, ove Garibaldi prese stanza, e in via Toledo, l'onda popolare riagitandosi come in tempesta, migliaia di carrozzelle montate confusamente da donne, frati, soldati, cittadini, correndo su e giù fra gli ululati di *Viva l'Italia una*, un immenso carro in forma di bastimento, che tiravano sedici bovini fantasticamente bardati, trasse con grande strepito davanti al palazzo, pieno di cantori e di suonatori i quali eseguivano per la prima volta l'*Inno* indi famoso. Epperò appena finita la guardia, e il generale si coricò, consegnato il mio indirizzo nel caso d'una chiamata, seguii un napolitano gentile all'albergo suggerito da lui e mi trovai installato con mia moglie in un quartiere confortevole, donde prospettavasi il Largo delle Pigne. – Possibile, cominciò ella, l'ingresso in Napoli nel numero di quattordici, e Garibaldi dittatore? Dicono puntati i cannoni di tutti i forti sulla città e in armi quattordicimila soldati borbonici. Come gli occhi del generale si dilatarono e l'aureola che circondava la sua fronte fiammeggiò passando davanti alla reggia! i soldati affascinati gli rendettero gli onori militari? hai ...

– Sì, sì; lascia da banda le rapsodie, risposi guardando con avido occhio il saccone elastico, le materasse egregie e le lenzuola di bucato che m'invitavano dall'alcova con atti cortesi.

Dopo quattro notti dormite in vettura da Castrovillari a Napoli e venticinque per terra da Aspromonte a Castrovillari col firmamento per soffitto, la visione d'un letto soffice e la prospettiva di dodici ore di sonno sembravanmi l'apice della umana felicità.

– Viene o non viene la cena? dimandai impazientemente al cameriere entrato in quel punto con le mani vuote. – Signore, un gentiluomo in abito nero, spada al fianco, fascia a tracolla insiste di parlarvi. Lo accompagna un ispettore di polizia. Quest'ultima frase fu aggiunta con evidente rincrescimento. La porta dell'alcova, continuò il cameriere con frettolosa parola, mette ad un corridoio e giù per la scala di dietro. Signore! additandomi la porta; indi scomparve.

– Garibaldi in pericolo, dissi a mia moglie, e qui si fa la morte del topo. I quattordicimila soldati pensarono che noi siamo quattordici. Guadagnata la porta, proseguii: ricevili, e di' che vengo subito. Proverò di raggiungere il generale; che imprudenza allontanarsi dal palazzo! Tutto lo stato maggiore, meno Basso, sarà assente.

Ed ella: – Lasciami venire, se no, una seconda volta ci chiuderanno in carcere separata.

– Che! anche se vieni non ci metteranno insieme. Non apparire così smarrita: il caso per noi non è nuovo né il peggiore. Ti ho detto che cosa dovevi aspettarti quando volesti assolutamente accompagnarmi.

– Va, sono qui, rispose ricoverando il suo coraggio; ed io via come una freccia.

Arrivato alla scala mi venne udito uno scoppio di risa. E un momento dopo il personaggio colla barba bianca e spada al fianco stringevami, baciavami, e sfogava la sua contentezza con impeto meridionale. Era Mignona. Nacque in Basilicata, visse quindici anni in galera coll'appendice della tortura, dieci in esilio ove io lo conobbi. Sbarcò a Marsala coi Mille e lo rividi in agosto a Messina. Di gran seguito nella sua provincia, precedette Garibaldi per agevolargli la strada di Napoli.

– Scendete subito, così favellò, e venite con noi; la carrozza ci attende. Vi presento Mele mio compagno di prigione e da stamane ispettore di polizia, il quale vi desidera ospiti suoi.

Non valsero obbiezioni, si dovette obbedire senza indugi.

Il buon letto dell'ospite era troppo buono; abituato alla terra dura e all'aria aperta, il chiuso della stanza pareva mi soffocasse, e la morbidezza delle piume destavami la sensazione del vuoto; laonde girai sino al mattino intorno a me stesso. Scesi, apersi la finestra che dava in un poggiuolo e rimasi come uomo stupefatto davanti ad uno spettacolo inatteso. La tenue luce dell'alba non toglieva alle lave ardenti, che solcavano in due linee parallele e orizzontali il Vesuvio a due terzi del suo dorso, l'apparenza di grandi masse rutilanti di carbonchio. Sarebbesi creduto il cono del vulcano semiaperto da un punto fisso a guisa di coperchio, e scorrente dall'immensa fessura un fiume di gemme colate. Quel rosso cinabro intenso, ondulante, contrastava decisamente con la tinta di calcedonio, la quale come velo diafano involve la natura nei pochi minuti che precedono la comparsa del sole. Gradualmente le lave sembravano disinfiammarsi e impallidire, e il golfo di Napoli venivasi disegnando magnifico, voluttuoso e inenarrabile. Ond'io poetando proruppi: – Splende così la prima aurora della libertà! – Mentre mi cullava in cosiffatte contemplazioni, erasi accalcata sotto il poggiuolo una turba da me non avvertita di popolani che mi affisavano in silenzio. Appena rinvenuto dalla mia estasi mi chinai a guardare la contrada e tuonò un *Viva Garibaldi!* Avvedutomi che la camicia rossa causò l'assembramento, feci una riverenza e mi ritrassi tirandomi dietro la persiana. Non veduto, vidi che la folla tosto si diffuse e si confuse nell'ondulatorio e perpetuo movimento di gente sulla spiaggia di Santa Lucia. E lungo codesta spiaggia sorgevano in fila più di cento enormi leggii, a quattro palmi l'uno dall'altro, e da tergo verso il muricciuolo, a mare, tavoli e panche. Sotto il sole, ciascun leggio venne scoperchiato da un personaggio scalzo, scollato, in farsetto e berretta frigia; spartivasi in caselle a scacchiera, ed entro ogni casella parevami ravvisare un pezzo cristallizzato a colori vivacissimi. – Un museo mineralogico, pensai, sulla pubblica via! e i curiosi naturalisti che ci sono in questo paese!

– Riseppi che ell'erano frutta di mare, e lazzaroni pescatori i seminudi Linnei. La sera a quei tavoli s'accosta numerosa gente che, alla brezza del golfo, cibasi con delizia grande di quei molluschi aperti, rose e giacinti e fiordalisi marini mollemente natanti in un umore di porpora. Ghiotta grazia di Dio onde ogni sera mi confermai lo spirito e lo stomaco, assiso sulla panchetta al chiaro di luna col Vesuvio all'ovest, il leggio all'est, a settentrione il Castello dell'Uovo e a sud il piatto di molluschi. E a quella mensa degli Dei trassi parecchi de' miei commilitoni, e si combinò per la sera del 12 settembre un'imbandigione in tutta regola. Io m'impegnai per le frutta di mare, le ostriche, il pane; Nullo pel vino di Capri e i maccheroni, altri pel Lacrima-Christi e le angurie.

Sul mezzodì del 12 di ritorno al palazzo d'Angri da una visita al Castello dell'Uovo, mi si chiamò con premura alla Segreteria. Il colonnello Bertani, segretario generale del dittatore, mi presentò un signore sui cinquant'anni, d'aspetto grave, di faccia e di persona quadra come il *miles romanus*, vestito in nero, giubba a tagliere, cravatta bianca e berretta da capitano nella mano sinistra su cui brillava un cammeo. Nel mentre m'affacciai sulla soglia della porta, questi stava parlando con accento vibrato, con fisonomia alterata, in piedi.

– Ho capito, me l'ha già narrato, interrompevalo Bertani con manifesta impazienza, e contento del mio apparire volsemi il discorso: – Il signor B..., sindaco di Forio d'Ischia. Il sindaco, sbirciatomi in un baleno, non mostrossi molto entusiasta di me, e me ne accorsi da una leggera e velocissima contrazione che sorpresi sull'angolo destro della sua bocca. Certamente egli immaginò un uffiziale superiore splendido di ricami d'oro, algerina di cachemire bianco sulle spalle, stivali alla scudiera e speroni affibbiati, onde riluceano le sale del palazzo d'Angri. Ma disgraziatamente io non ero che luogotenente, avevo un cappellino nero conforme a quello di Garibaldi, fatto rossastro dal sole e dalle rugiade notturne, tutto gualcito perché mi servì di guanciale durante la campagna; avevo un paio di calzoni di panno grigio e una tunica rossa annerita all'ingiro dalla cintura della spada e con larghe macchie di terra e d'erba.

– Il signor sindaco, proseguì Bertani, giunse testè apportatore della triste novella che a Forio d'Ischia scoppiò una forte sommossa a favore del governo caduto, la quale egli opina si dilati e possa mettere sossopra tutta l'isola. Con grave pericolo remigò sin qui per chiedere al governo aiuto immediato, un uffiziale energico che comandi, mezzi sommari; per offerirsi ad ogni sbaraglio, e promettere l'uso della propria influenza nella parte liberale, sorpresa e battuta, ma coraggiosa e capace d'alte prove se soccorsa in tempo. Il dittatore non dissimulò il turbamento cagionatogli dalla inaspettata notizia, e dopo breve silenzio disse: – Manderò A. M.; e ci licenziò. Egli ti attende per darti le debite istruzioni. E, rivolto al sindaco, soggiunse: – Si affidi a questo uffiziale, e vedrà in poco d'ora sbarbato ogni segno di ribellione nell'isola.

Malgrado la scelta di Garibaldi, malgrado le assicurazioni così formali del suo segretario, il sindaco non parve molto soddisfatto e chinato il capo e gli occhi, aperte le braccia lungo le coscie tanto da formare con queste e col gomito per vertice due angoli acuti, con aria rassegnata rispose al segretario: – Eccellenza!

– Addio frutta di mare! mormorai gemendo: e rammentai l'*adieu roti* di Rousseau fanciullo mandato a letto prima di cena.

Ritornato nell'anticamera del generale con cera scura, col cappellino all'orecchio, strascicando la sciabola sui pavimenti di maiolica delle sale, non curai la solita gente addensata sull'uscio e trattenuta dalle sentinelle: chi guaiva *eccellenza!* chi *colonnello!* chi *signorino*, chi *bacio le mani*, e chi tacendo alzava l'indice per significare: *ascoltate una sola parola*. Ed io soleva essere loro forse più che altri cortese; respinti quasi sempre da' miei camerati, ne introducevo al generale quanti più mi veniva fatto, imperocché egli non accomiatava veruno sconsolato. E udii storie pietose di domestici lutti incredibili e ignorati, perché la mano di Ferdinando II arrivava terribilmente ove l'occhio sempre non arrivava. Ma questa volta tirai diritto con cuore indurato ed entrai nella camera del generale a ricevere gli ordini. Bertani e il sindaco mi tennero dietro.

– Andate subito in Ischia, mio rappresentante con pieni poteri.

Il sindaco esclamò: – *Alter ego*, e Bertani gli tirò la falda della velata in segno di silenzio. Il sindaco balbettò sotto voce: – *Aggio caputo*.

Il generale continuò: – Domate la ribellione, restituite la libertà e tenetemi ragguagliato.

– E se occorre? ... io domandai raffigurando con le braccia uno schioppo spianato.

– Siate giusto e umano.

Ritiratomi, Nullo in anticamera mi fece: – Mandai il vino di Capri e i maccheroni a casa tua.

– Rimanda a pigliarli.

– E perché?

– Vo in Ischia.

– Ai bagni?

– Ad eseguire una *Saint-Barthélémy*.

– Che!

– C'è la reazione in armi. Forio cadde in sua mano.

– E le frutta di mare?

– Al ritorno.

– Ma se cadi?

– Offrile a' miei Mani e fa le libazioni d'uso.

Per ischivare i petenti e i piagnoni del corridoio principale, me ne andai da una porta secondaria. Nel vestibolo del palazzo il sindaco, che mi corse a panni, toccatomi leggermente una spalla, disse a capo scoperto:

– Signor colonnello, la mia carrozza è costì a vostra disposizione.

Ed io seccamente: – Non sono colonnello.

– Perdonate, colonnello; il segretario mi commise di consegnarvi questo documento firmato dal dittatore, che comprova l'autorità conferitavi dell'alter ego.

– Sta bene.

– Ci vorrà un battaglione per isbarcare nell'isola autorevolmente. A quale caserma comandate, colonnello, che il cocchiere ci conduca?

– All'ospedale dei feriti di San Sebastiano.

Salii in carrozza, e veduto a caso sul portone un giovinotto lombardo, sergente che appartenne all'Istituto militare di Palermo:

– Siete in servizio? gli domandai.

– Nossignore.

– Avete la rivoltella?

– L'ho.

– Montate in cassetta.

A San Sebastiano feci chiamare mia moglie occupata nella trasformazione del Collegio dei Gesuiti in ospedale, e la informai di che si trattava.

A cui ella: – Vengo anch'io. Non vi ha feriti in Napoli, e dobbiamo sospendere ogni altra preparazione finché non giunge l'ambulanza generale.

Ond'io al cocchiere: – Ora a Pozzuoli.

Il sindaco, pietrificato, mi guatava con pupille stupide, e io leggevo sulla sua fisonomia: – Codesto originale forse si pose in capo di soffocare la rivolta con un sergente, con una pistola, con una moglie! – Ma non osò fiatare a cagione del mio muso duro. Egli si lusingò che io avrei guidato una schiera dei vincitori di Calatafimi e di Milazzo per dare la caccia ai villani d'Ischia e per la guardia d'onore di lui nel suo ingresso in Forio. Intanto dovette starsi pago che nessun contrassegno di grado mi distinguesse, onde a suo agio poteva chiamarmi e annunciarmi colonnello.

Percorremmo via Toledo, Largo di Palazzo Reale, e voltammo a Santa Lucia. Una fitta moltitudine, intesa ad ascoltare un frate che predicava da una bigoncia a ridosso della fontana di marmo bianco edificata al tempo degli Spagnuoli, ingombrava l'ampia via verso la metà. Dietro la bigoncia sorgevano due trofei d'armi antiche di cartone, involute in fasce tricolori, e a sinistra un fazzoletto di seta a banderuola col ritratto di Garibaldi. Abbiamo impiegato cinque minuti per penetrare nel cuore della folla dirimpetto al frate, ove fece mestieri d'arrestarci. Il frate, – uomo di sessant'anni; bianchi i capelli e la barba; di tinta ulivigna: d'occhi chiari; di sopracciglia lunghe, foltissime e nere, che conferivano al suo sguardo una virtù soggiogatrice; alto, asciutto e vigoroso delle membra; – tuonava con voce terribile; la sua posa era artistica, i suoi movimenti tardi, appropriati ed energici. Quando stendeva le braccia davanti a sé con mani aperte, le dita strette e il guardo fisso e immoto, quella massa di donne e di lazzaroni curvavasi in figura di vasta onda di mare. Il frate irradiava sulla folla una corrente magnetica come sovra una sonnambula. Durante la sosta ci vennero udite le seguenti parole in dialetto napolitano.

– ...Ora che sapete che cosa ha fatto, vi dirò chi è. Giù le berrette, popolo peccatore; guarda lassù a Iddio e implora ch'Ei ti renda degno d'ascoltare la verità. Lassù. Nel pronunciare questo avverbio, il frate mago, sollevato il braccio destro, appuntò l'indice al cielo con sì imperioso gesto che le mille teste della muta e commossa moltitudine macchinalmente si alzarono e parea invocassero la discesa dell'eterno spirito. Trascorso qualche minuto secondo, il frate ripigliò:

– Or bene; nel fondo dell'anfiteatro di Pozzuoli, san Gennaro, alla vigilia del martirio, chiamato a sé l'unico figliuolo, gli disse: "Va, fuggi, affidati a una barca e remiga verso la Liguria; là sarai salvo, là dai figli dei tuoi figli nascerà un figlio maschio, con capelli come i raggi del sole, con faccia di leone, che non berrà vino né bibite forti, che si nudrirà di frutti della terra e avrà nome Zibeppe, e gli uomini lo conosceranno dalla camicia rossa intinta nel mio sangue, di cui domani empierai un'ampolla che porterai teco in esilio. Codesto mio nipote diletto tornerà alla terra de' suoi padri vendicatore e redentore; i tiranni che avranno contristato il mio popolo napolitano dilegueranno davanti a lui, e a questo popolo egli apporterà libertà e maccheroni ...

A tal passo della orazione, il sergente, tolte le redini di mano al cocchiere, spinse i cavalli a suon di frusta, la folla s'aperse, il rumore delle ruote soverchiò la voce del predicatore, e una triplice risata traboccò dalle labbra del sergente, di mia moglie e dalle mie. Il sindaco, serio, e forse offeso della nostra empietà, spingendo le mani su e giù delle saccoccie, faceva le fiche contro la iettatura.

Il cocchiere, il quale probabilmente adottò la medesima precauzione del sindaco, avvedutosi soltanto delle risa del sergente, ne lo redarguì con la seguente intemerata: – Il signorino ha torto di ridere al padre Pasquale: egli è un sant'uomo; ha patito dieci anni in catene al bagno di Nisida, per la causa del popolo. Non riderebbe mica il signorino se conoscesse quanto il padre abbia lavorato per convertire codesti infedeli di Santa Lucia, serbatisi tutti affezionati a Bombino, finché li convinse che Zibeppe procede da san Gennaro.

Velocemente passato Chiatamonte e Ghiaia, pervenimmo alla Grotta di Posillipo, al disopra della quale vuolsi sepolto Virgilio.

– L'ha scavata Lucullo o Agrippa? chiesi al sindaco per distrarlo e porlo nell'imbarazzo. Ma il valentuomo mi regalò una lenzioncina di storia e di archeologia. Citò gli autori che opinavano per Lucullo e quelli per Agrippa; dimostrò l'insussistenza delle due opinioni, e conchiuse sostenendo averla scavata in più remoto secolo i Cumei e i Napolitani insieme, per reciprocità commerciale; e con ciò capitammo a Pozzuoli.

Il governatore di Pozzuoli, da cui l'isola d'Ischia dipendeva, avvisato per telegrafo del mio arrivo, s'affrettò all'albergo ove discesi. Lo interrogai quali fossero le ultime notizie d'Ischia.

Ed egli: – Quelle portate dianzi dal sindaco.

– Mandaste esploratori?

– Mandai un esploratore, il quale non tornerà prima delle undici.

– Nessun abitante dell'isola si mostrò in Pozzuoli?

– Il sindaco.

– La guardia nazionale è armata?

– Un battaglione di cinquecentosei uomini.

– In quanto tempo può raccogliersi?

– Sta schierato vicino al porto per far onore al rappresentante di Garibaldi.

– Sarebbe disposto a marciare?

– Una buona metà.

La consegna d'un dispaccio da Baia troncò il dialogo fra il governatore e me. Nel forte di Baia esisteva il massimo deposito di polveri dello Stato; artiglieri e fucilieri borbonici lo custodivano. Alle intimazioni di resa risposero temporeggiando; uno di loro nativo di Baia, disertore, narrò aspettarsi dal presidio nella notte tre legni borbonici per caricarvi le polveri e trasportarle a Gaeta, e giudicò possibile dal canto nostro un assalto improvviso sulla fiducia del presidio nelle trattative.

Provvidi che nella notte trecento della guardia di Pozzuoli insieme ai militi di Baia circuissero il forte, ne impedissero l'uscita o l'entrata, intimassero la resa alla dimane e all'uopo procedessero all'assalto. Assegnai ai rimanenti del battaglione l'officio di riserva in Pozzuoli, raccomandai al governatore di vigilare e trasmisi un telegramma a Garibaldi. Passato in rassegna il battaglione e tenutagli una breve concione marziale, il sindaco che avevalo covato con gli occhi, chiesemi flebilmente: – E per Ischia?

Ed io asciutto: – Il mio sergente.

Scendemmo al porto ove stava pronta una snella barca veliera. Traversando la piazza, osservai due statue collocate di prospetto ai due lati opposti, una di Lollio pretore e augure, l'altra di San Gennaro in sul punto di benedire. Questo contrasto di cattolicismo e di paganesimo, la coesistenza di due mondi, di due civiltà, di due tradizioni contraddittorie che si additano ad ogni passo nella provincia di Napoli, riflettesi nella gente napolitana in cui si confondono ingegno arguto e grossa superstizione, in cui si combinano Vico e Pulcinella.

Interrogai il sindaco se san Gennaro trinciasse contro la jettatura dell'augure.

Ed egli di ripicco, punto dal mio irriverente sarcasmo:

– No, colonnello, benedice ai fedeli, perdona agli empi e prega per tutti.

Dissimulando la freccia scoccatami con tanta destrezza, entrai in barca e ci ponemmo alla vela.

Mancavano due ore a sera. Il sole dell'occidente vestiva di porpora il golfo di Baia che incurvavasi sulla nostra diritta. La barca veleggiando da Pozzuoli al Capo Miseno tracciava la corda dell'arco. La molle aura, le tinte calde e vaporose dell'autunno, il mare oleoso, la calma della natura, la presenza augusta di ventidue secoli di storia che pareano figure solenni assise sui gradini dell'immenso anfiteatro, conciliavano al silenzio e alla contemplazione a cui non s'è mai così disposti quanto dopo la tumultuosa vita degli accampamenti, la tensione morale delle rivoluzioni, le sensazioni irritanti dei pericoli e le logoranti fatiche di una lunga campagna. Nell'incanto di quella scena, nel cumulo di tante memorie, nello spettacolo di tante rovine, vidi Annibale minacciar Miseno; assistetti ai funerali di Scipione, schivo della patria ingrata, a Literno; all'agonia di Silla in Pozzuoli; di Tiberio alla Dragonara; e di Porzia in Nisida; udii il tragico *ventrem feri* di Agrippina all'imperatore matricida ripercotersi d'eco in eco sul lago Lucrino; penetrai nelle logge principesche della villa di Cicerone mentr'egli componeva Le *questioni accademiche*; seguitai con ansia Bruto che studiava un rifugio nei giardini di Lucullo; salii sul cassero della nave capitana di Sesto Pompeo nel quarto d'ora in che i Triumviri a cena spartivansi il mondo romano; visitai la flotta d'Augusto all'àncora; guardai al trionfo di Caligola sul ponte costrutto fra Pozzuoli e Baia, all'esercito sul ponte, al notturno sole di milioni di fiaccole, al banchetto, al proditorio tonfo in mare dei magistrati imperiali e degli amici dell'imperatore briaco; ripopolai la costa dei circhi, dei portici, dei giardini, delle ville, dei templi di Nettuno e di Venere genitrice, delle stufe e dei bagni di Nerone, del palazzo di Cesare, della Piscina mirabile, della gioventù elegante di Roma, e nel mio entusiasmo classico ruppi il lungo silenzio declamando quel verso d'Orazio:

Nullus in orbe
sinus...

Il sindaco terminandolo: – *Eaiis praelucet amenis.*

– Precisamente! io soggiunsi, e le fantasime sparirono. Intanto s'era girato il Capo Miseno, ed ecco le isole di Procida e d'Ischia, e verso levante Cuma e le rive euboiche celebrate da Virgilio.

– Costà, narrò il sindaco affisando la parte esterna del promontorio, si pescano eccellenti murene; presso al lido sorgeva la villa dell'oratore Ortensio, il quale pescava gli antichissimi avi delle presenti murene, e avevane addestrata una, che alla sua voce accorreva a lui e attirava perfidamente le compagne nell'agguato.

– Domata la ribellione, imbandirete la nostra tavola dittatoriale colle ultime nipoti delle murene d'Ortensio.

– Colonnello, la pesca in questa notte medesima.

Già al corto crepuscolo succedeva la notte; ancora un miglio, indi sbarcammo in Procida sulla costa di San Cattolico.

Traversammo l'isola a piedi, con un appetito che la brezza marina acuí e più acuto allora rendevano gli effluvi degli aranci e dei cedri. Per giunta lo spietato sindaco ci descrisse le migliaia di grassi fagiani e di francolini della caccia reale di Procida. Laonde fra le murene dell'indomani della lotta e i francolini che presumevamo mangiare la vigilia ci sembrava mill'anni di arrivare alla prima stazione del viaggio. Il sindaco continuò il racconto nella seguente conformità:

– Con regio bando proscritti dall'isola tutti i gatti, nel secolo scorso, per non danneggiare la propagazione di quei nobili augelli, in pochi anni moltiplicarono a miriadi i ratti e divennero una spaventevole calamità. Giardini e case e chiese e sagrestie e armadi, e fin'anco le canne d'organo, ogni cosa invasero e rosero codesti ratti; le provvisioni domestiche; i cadaveri prima della sepoltura, i ragazzi nelle cune giacquero in preda dell'orribile flagello. L'isola diventò inabitabile. Finalmente i paesani corsero ai piedi del re, seminando sul suo passaggio un gregge di tali quadrupedi, e ottennero la revocazione del disastroso decreto. Tolta poscia la caccia, ora e fagiani e francolini abitano il parco di Caserta.

La chiusa gelò sul labbro la sensazione di piacevolezza che l'aneddoto vi dipinse.

Dall'opposta sponda della Cornicella, sovra altra barca tragittammo lo stretto canale che separa le due isole, e approdammo in Ischia.

Posto piede sulla terra ribelle che al nuovo sole mi proponevo di percuotere col braccio della mia plenipotenza, il sindaco ci condusse ad una casa due miglia lontana da Borgo d'Ischia. La padrona introdusse dittatore e dittatrice in una modesta camera da letto e favellò in questi sensi:

– Ecco i fiammiferi, ed ecco la bottiglia d'acqua. Posso servirli?

– Grazie, noi rispondemmo, ed ella partì.

Acconciatomi in fretta, discinta la spada, camminando su e giù per la stanza, e stropicciandomi le mani, aspettavo cupidamente la chiamata a tavola.

– Tu fai il moto della fiera nella gabbia poco prima del pasto, osservò mia moglie; ma non ravvisasti nel saluto della padrona una bella e tonda *felice notte*?

– Tu mi sgomenti! esclamai.

Indi a mezz'ora uscii tentando la via della cucina.

Silenzio, fuoco morto, e lumi spenti. Il sergente dormiva nell'anticamera il sonno dello sfinimento sovra una sedia, il sindaco russava sul sofà, e i padroni di casa eransi ritirati.

– Signor sindaco! gridai scuotendolo senza cerimonie.

Il pover'uomo, fregandosi gli occhi, balbutì: – Colonnello!

– Si costuma l'ospitalità dell'arcivescovo Ruggeri nella vostra isola? Qui si sviene di fame!

– Colonnello, siamo discosti dal Borgo e in casa non esiste briciolo di pane.

Il sergente svegliatosi m'informò che ad un ricco proprietario del Borgo, il signor L..., non parrebbe vero d'offrirci la cena, ma che il sindaco volle conservare il secreto sulla nostra presenza nell'isola.

– Vi do tempo un'ora, e altre parole non vi appulcro – cantai al sindaco ponendolo sotto custodia del sergente e rientrai nella mia camera.

– Indovinasti!

E la moglie a me sorridendo: – Mi congratulo del perfettamente assunto piglio dittatoriale!

Accesi il sigaro, mi gettai sul letto senza speranza a meditare sulla vanità delle umane grandezze, e così gemei: – Sovrano assoluto dell'isola e arbitro dei destini di ventiquattromila abitanti, mi tocca venire a letto senza pranzo e senza cena! E dopo una pausa ripigliai: – Il sindaco forse suppone che i garibaldini si pascano di vento come il Rabicano dell'Ariosto; o forse divisò vendicarsi del mio umile sbarco, senza seguito di soldati, senza rumore di proclami, senza pompa proconsolare, siccome egli dee avere fantasticato sull'ali della sua classica erudizione, e promesso a' suoi amici politici.

Adagio adagio mi si velarono gli occhi e i pensieri e m'addormentai. Lo stomaco travagliato agendo sul cervello con vibrazioni ineguali vi suscitò imagini strane e sconvolte; sognai asserragliamenti e campane a stormo; sognai che il sindaco mi calava in un pozzo, mentre Nullo, Giulio Cesare e simili eroi divoravano murene, frutta di mare e francolini.

– Signor dittatore, la cena in tavola, disse mia moglie svegliandomi. Come Nerone avreste incendiata la vostra Roma, se non levavo in tempo il sigaro caduto sulle lenzuola.

Il signor L..., rinvenuto dal sindaco, fornì la mensa di pane, di vino e d'un piatto di calamari e di naselli pescati appositamente. Trattandosi d'un uffiziale di Garibaldi, i pescatori del luogo volontieri diedero mano alle reti nell'insolita ora, e per tutta ricompensa vollero vedermi, assicurarsi ch'ero uomo come gli altri uomini, e, secondo la consuetudine delle Sicilie, baciarmi la mano. Il signor L..., che interrogai sullo stato dell'isola, ripetè le notizie di gravi torbidi in Forio sparse al mattino dal sindaco, e soltanto aggiunse che il battello a vapore, il quale salpa da Forio a mezzodì e soffermasi a Borgo d'Ischia per Napoli alle due, non ricomparve, che Borgo e i territori di Casamicciola e di Lacco favoreggiavano caldamente la causa d'Italia e Garibaldi.

Ingiunsi al sindaco di spedire immantinenti una staffetta a' suoi amici in Forio avvertendoli del mio sbarco, e mandai ordine al comandante la guarda nazionale di Borgo di distaccare alle sette del mattino una compagnia per una passeggiata militare verso Casamicciola e mezza compagnia per girare il monte Epomeo al lato opposto fino a tre miglia da Forio e incaricai il signor L... di procurarci le cavalcature.

L'isola è un gigantesco cono vulcanico, la cui base ha un circuito di diciotto miglia, e il vertice elevasi all'altezza del Vesuvio. Questo cono si appella monte Epomeo. Noi viaggiavamo lungo la costa settentrionale fra gli olivi e i vigneti che rivestono da cima a fondo l'isola meravigliosa. Il sindaco ci illustrò ogni zolla e ogni sasso con erudizione d'antiquario e d'agricoltore. Narrò che un terremoto separolla da Procida; che Omero e Pindaro l'appellano *Inarima* perché abitata da scimmie; che le incessanti esplosioni vulcaniche la mantennero deserta sino ai tempi del re Jerone; che nel 1302 venne nuovamente derelitta da un ombrello di fuoco emerso dalla Solfatara pel corso di due mesi; che nel 1440 Alfonso d'Aragona ne cacciò tutti gli abitanti maschi e costrinse le vedove a sposare uomini catalani e spagnuoli. Poscia si diffuse sulle sorgenti termali di Castiglione e di Scroffa, e ci fece gustare il *duplice ficu* cantato da Orazio.

Sostammo allo stabilimento dei bagni di Casamicciola, a corta distanza dal focolare della rivolta. Io stetti alquanto perplesso sul partito a cui appigliarmi: la ragione militare suggerivami l'uso delle armi; ma a me, soldato della libertà, ripugnava il versare sangue cittadino. D'altra parte non eranmi ben chiari, dalle informazioni del sindaco, la portata, l'indole e l'oggetto della insurrezione: a lui più d'ogni altra cosa caleva persuadermi della necessità di raccogliere in sua mano temporaneamente ogni potestà di toga e di spada. La situazione poteva aggravarsi con una irruzione di borbonici della vicina Gaeta; però riseppi che da tre giorni non segnalossi alcuna delle due navi di Francesco II. Sembravami consiglio prudente piantare il mio quartiere generale a Casamicciola, commettere ai sindaci dei comuni fedeli di spedire in fretta distaccamenti di guardie nazionali verso la cima dell'Epomeo soprastante a Forio, che avrebbero formato il centro del corpo dell'operazione; poi ci mandare in Forio, oratore, il mio sergente, intimando di deporre le armi e d'inviarmi deputati.

Se non che lo spirito garibaldino, forse per alcuna ora sopito nel mio cuore, si ridestò repente e disperse tutte sì fatte anticaglie. Rammentando che entrammo in quattordici a Napoli e che Napoli fu nostra, scrissi un biglietto di contrordine alla guardia del Borgo e comandai al mio seguito: – A cavallo per Forio.

Dissi e me ne andai dalla sala troncando a metà il gesto e la parola del sindaco allibito. Rimontammo sui nostri asini, io in testa di colonna, poi mia moglie, poi il sergente e in coda il sindaco. All'ultima svolta della strada, un miglio da Forio, nuvoli di polvere annunciavano la popolazione in marcia. Appena i ribelli ci poterono discernere, s'intese un fragore come di tuono, e i più prossimi a noi correndo e ululando ci si avventarono addosso con aspetto di forsennati, ci abbracciarono e baciarono piangendo e delirando. Era una miscela di ragazzi, di signore, di contadini e di giovani bennati. – Garibaldi! Garibaldi! Biondi la barba e i capelli, mi scambiarono per Garibaldi. Li assicurai che non ero Garibaldi.

– Non importa, è la stessa cosa.

Alcuni notabili presero le redini del mio asino; le signore e le fanciulle, vestite di bianco e ornate di bende tricolori, circondarono mia moglie, e una di loro spiegò su lei un'ombrella di damasco e d'oro, l'ombrella del Viatico, e le colmarono il grembo di mazzi di fiori che ad ogni passo dell'asino cadevano a destra e a mancina e venivano surrogati da nuovi mazzi. Nel momento dell'ingresso in città si udì uno scoppio di mortai, il suono di tutte le campane e di bande musicali; le finestre parate di scialli e di tappeti; la contrada letteralmente coperta di fronde e di fiori, e noi si procedeva sotto una pioggia di confetti e di ghirlande. Sulla piazza la guardia nazionale schierata ci presentò le armi; il rullo dei tamburi s'aggiunse all'assordante frastuono delle voci, delle campane e agli interminabili spari di mortai. A sinistra sorgeva un altare posticcio, altissimo, sfarzosamente addobbato con numero grande di candele accese; un prete in piviale e due ale di chierici in cotta agitavano turiboli e cantavano il *Benedicite pueri Dominum*.

Frattanto i gentiluomini palafrenieri guidavano il mio ciuco oltre il palazzo di città e inutilmente li supplicai di condurmi a casa.

– Eccellenza, mi ripetevano, consentite questa soddisfazione al popolo che brama vedervi.

E dovetti adattarmi a percorrere tutti i viottoli di Forio su quella semiseria cavalcatura.

Rinvenuto dal primo stupore di essere accolto a mazzi di fiori anzi che a colpi di fucile, curai con diligenza di schivare lo sguardo della moglie durante il lungo supplizio di cosiffatta processione. Ma ritornando dal capo d'una fra le vie minori mi trovai necessariamente viso a viso con lei, la quale malignamente m'indirizzò queste parole: – Salut, roi d'Yvetot. – La somiglianza al re modello che

Sur un âne pas a pas
Parcourait son royaume

m'ha colpito sì vivamente, che dovetti mordere il labbro per mantenere la serietà, sforzo tanto più difficile, avvenga che strappatasi la logora cigna del basto, non mi sentivo in grado di smontare, certo di non mettere a terra i piedi per primi, né mi sentivo saldo in arcione nel su e giù delle contrade in collina. Colavami a goccioloni il sudore per le guance, all'idea di compromettere con ignobile caduta la gravità della suprema magistratura!

Il sergente dal suo canto aveva pigliato la cosa in sul serio, e gli applausi, onde fu coperto a cagione della camicia rossa, se li prese per sé, proprio per sé. Spacciatosi mio segretario, accoglieva suppliche, accordava patrocinio, dava speranze d'impieghi, di promozioni, e in breve gran frequenza di clienti ingombrava la sua anticamera, ove piantò in qualità di sentinella e di usciere un milite della guardia nazionale del picchetto destinato al mio appartamento.

Il municipio, i magistrati, l'uffizialità della guardia, molti spettabili cittadini spesseggiarono alla mia residenza in atto di omaggio al luogotenente del dittatore. Io risposi rallegrandomi che al solo mostrarsi della camicia rossa, simbolo di libertà e di giustizia, la reazione borbonica di Forio, che afflisse l'animo di Garibaldi, fosse scomparsa; segno indubitabile che una minoranza audace soverchiò la popolazione con istantaneo assalto. Soggiunsi che, risoluto di estirparla senza pietà, di soddisfare alla ragione del popolo, di avviarlo col lume del diritto e della moralità nella vita nuova, io facevo assegnamento sui nobili istinti di esso, sulla cooperazione delle autorità, sul coraggio della guardia nazionale e sui consigli disinteressati degli uomini liberali. E terminai: – Se dovremo combattere, io sarò primo al pericolo, fiero di esporre la mia vita per la salute degli abitanti di Forio.

Finita la concione, aspettavo che gli uditori, stesa la mano in atto di chi giura, si profferissero difensori deliberati della terra nativa e della patria comune.

Tacquero tutti, mirandosi l'un l'altro con occhio smarrito; pareva che quelle fisonomie e quell'atteggiamento significassero o ch'io farneticavo, o che eglino avevano paura. Il mio discorso cascò come carbone acceso in una secchia d'acqua. Girai il guardo in cerca del sindaco: chiesi di lui; ei s'era ritirato. Invitai il comandante della guardia nazionale ad avvicinarsi, e più voci risposero: – Il comandante è il sindaco. Al silenzio e alla immobilità un sommesso favellìo sottentrò, e un decomporsi e ricomporsi in gruppi diversi come di gente che affrettatamente ponga in sodo un'idea. Alfine un sottotenente della guardia nazionale, avanzatosi quale interprete del sentimento collettivo, disse:

– Eccellenza, il signor B..., uomo ricco, ambizioso e prepotente, si fisse in capo d'esser a un tempo sindaco e comandante della guardia. La violazione della legge e la incompatibilità delle due funzioni provocarono rimostranze per parte della guardia a cui appartiene il fiore della cittadinanza. Nel breve periodo della costituzione di Francesco II l'abuso passò liscio; ma fuggito Francesco davanti a Garibaldi, lo s'invitò formalmente di dimettersi da uno dei due uffizi. Infiammato da' suoi criati, diniegossi con alterigia di rendere ragione al diritto, sostenendo che tale concentramento di poteri consuonava col governo dittatoriale, e che, nel rimutato ordine pubblico, lo spirito turbolento della nostra plebe doveva rattenersi con mano vigorosa. Il malcontento, sceso immezzo al popolo di cui egli mostrossi sempre schivo e dispregiatore, cominciò a manifestarglisi con dimostrazioni palesi di ostilità. Si riseppe aver egli detto che sarebbe corso a Napoli e tornato con un battaglione di garibaldini per ridurre a segno questa canaglia. Quindi l'altr'ieri sera una turba di popolo, eccitata dagli emuli di lui, irruppe irritatissima verso le sue case imprecando e minacciando. In quell'impeto scattò qualche colpo di fucile e di pistola; ed egli si sottrasse destramente al pubblico risentimento, e col favore dell'oscurità gli è venuto fatto di gettarsi in una barca, d'irsene a Pozzuoli e di là a Napoli. Se l'hanno rispettato nel vostro ingresso in Forio, ciò avvenne per ossequio a Vostra Eccellenza.

– Ma la reazione borbonica? io dimandai.

– Nessuna reazione al mondo, nessun fatto all'infuori di quanto esposi. Gli abitanti di Forio caldeggiano la libertà e adorano Garibaldi. Il sindaco ha calunniata la sua città.

Gli astanti accennarono affermativamente alle parole dell'oratore, tranne uno solo:

– Il signor B... è uomo ambizioso, questi rispose, e il sentimento della vendetta talvolta lo acceca; ma ponete a calcolo, Eccellenza, i molti e influenti partigiani di lui, il disinteresse e l'integrità sua, la valentia nell'amministrazione della cosa pubblica.

La rivelazione inattesa e difficilmente indovinabile del sottotenente lumeggiò senza misericordia il lato grottesco e ridicolo della mia arringa melodrammatica. – Sindaco empio! mormorai fra i denti.

Dissimulando alla meglio lo stato mio deplorabile di quel momento, mi congratulai della levità dell'evento, promisi riparazione pronta, li pregai di deporre alla porta il loro nome e il loro indirizzo, e con leggero inchino li accomiatai.

Rimasto soletto, dovetti sorridere della burla, beatissimo del resto che la fosse una burla. Pure non mi riesciva di capacitarmi come mai il sindaco immaginasse d'ingannare così goffamente il governo e me, e di farci strumenti per la sua riconferma di tiranno di Forio. Non volli giudicarlo sovra un'accusa, veridica nell'insieme ma ostile nello spirito, e tenendo conto delle osservazioni del secondo oratore, m'affiatai in singolare colloquio con parecchie persone avverse e favorevoli all'accusato. E conobbi che la città, divisa d'antico, soggiaceva alle influenze rivali di due famiglie, la famiglia B... e la famiglia R..., che il B..., uomo di molte lettere, di più gagliardo animo e più opulento degli R..., comeché questi gli soprastassero per nobiltà di casato e per l'affezione del popolo, ottenuto l'uffizio di sindaco, assunse anche il grado di comandante della guardia perché non l'avesse qualcuno degli R..., temendo il rivale armato; non rinunciò alla carica di sindaco perché intollerabile a lui la dipendenza, quale comandante della guardia, dal padre degli R... sindaco inevitabile. Conobbi che il messo spiccato il mattino dal signor B... recava istruzioni affinché, tenuta occulta la mia venuta, gli amici di lui al mio ingresso in città mi circondassero in attestato di onoranza, impedissero che altri m'avvicinasse, mi ragguagliassero a loro modo sugli eventi, mi spiegassero i segni sicuri di animavversione popolare contro essi e contro il B... quali riprove della reazione, e m'inducessero a riaffidare le due spade al B... come provvedimento eccezionale consigliato dalla situazione. Conobbi ch'egli procacciò si trattenesse in porto a sua disposizione il battello a vapore, a ciò che io stessi separato dagli altri anche nel ritorno. Ma il signor L..., il nostro anfitrione di Borgo d'Ischia, aveva anch'egli trasmesso avviso della mia visita a Forio, epperò tutta la tela ordita dal sindaco cadde in un batter d'occhio sfioccata e guasta.

Mandai a chiamarlo. Egli aveva illividita la gota, ma tranquillo il sembiante, e cominciò:

– Colonnello, le murene d'Ortensio, pescate oggi, sono in Forio.

– Sono pure in Forio, signor B..., i granchi al secco che pigliaste in questi due giorni.

– Signore, non vi comprendo.

– Entro mezz'ora rimetterete in mie mani il sigillo della città. Voi non siete più sindaco.

Quivi mi fece la riverenza di persona rassegnata e obbediente.

– Nominerò sindaco in vece vostra il signor R...

– Rimetto in vostre mani anche il grado di capitano della guardia nazionale.

– Vi proponeste di antivenirmi? Vuota precauzione. Chi vi conferì il grado di capitano?

– In verun caso avrei sofferto di dipendere dal mio maggiore nemico.

– Voi magistrato, per abuso di potere, per rapporti non veri, dipenderete dal bargello tra poco.

– Preferisco questa dipendenza alla prima. Errai, nol nego, ma con la convinzione di giovare al pubblico bene. La mia amministrazione fece rifiorire la città; capo della guardia, ordinai un corpo modello.

– E le cause della vostra inimicizia col signor R...?

– Cause profonde: le ereditammo dai padri nostri, s'annidano nelle molecole del nostro sangue, vivono nella memoria di antichi lutti e di offese recenti.

– Voi dovete espiare le colpe commesse come magistrato.

– Saprò espiarle degnamente, da gentiluomo.

– Non basta. Dovete saperle espiare da patriota.

– E come?

– Accettando il comando della guardia. Eccovi il brevetto di nomina che vi ho firmato.

– Colonnello, pretendete l'impossibile.

– La vostra colpa esige la maggior punizione, e questa è la punizione che v'infliggo in virtù della mia autorità. Oggi vi attendo a pranzo in assisa di capitano.

E senza concedergli agio a più lungo dialogo, lo salutai ed ei si ritrasse.

Immediatamente trasmisi, col mezzo del sergente, al signor R... il decreto della sua nomina a sindaco di Forio, e l'accompagnai con lettera cortese, avvertendolo che io stesso mi riserbavo di ricevere in persona la risposta di accettazione, in casa sua.

La notizia in un attimo corse la città e vi suscitò gioia universale. Il popolo riaffollatosi nuovamente sulla piazza battendo le mani e vociando *Viva Garibaldi! Viva la libertà!* insistette che mi accostassi alla finestra. Io dissi ch'ero venuto a compiere un'opera di riparazione e anche di conciliazione, perché giustizia e amore ispiravano la missione emancipatrice di Garibaldi; che in un paese come Forio, non solcato da fazioni avverse alla redenzione d'Italia, gli odi privati, nati e inveleniti nei tempi tristi della oppressione, dovevano scomparire in un'opera fraterna di rinnovamento nazionale; che perciò nominai sindaco il signor R... (applausi prolungati), nominai comandante della guardia il signor B... Silenzio profondo per alquanti secondi; e poscia s'intesero alcuni sì qua e là, finalmente un sì generale. La banda suonò l'inno e ne nacque un tripudio indescrivibile.

Il signor R... era un vecchio settuagenario e cieco, di aspetto nobile e dolce, decoroso della persona, ed altamente rispettato nell'isola. Diventò cieco nella galera di Ventotene, ove Ferdinando II lo tenne lungh'anni rinchiuso perché fautore di libertà e nemico aperto dei Borboni sino alla rivoluzione del 1820. Egli mi ricevette nella sua libreria; ampia sala decorata di busti e di antichi ritratti di famiglia. Le scansie, gli armadi, lo scrittoio, il leggio, il canapè, ridondavano d'intagliature della decadenza adattate alla sala, sulle cui pareti erano colorati ad affresco peristili, portici, loggie, scale con colonne spirali, con figure a cavalcione dei cornicioni, secondo il gusto introdotto dal Borromini nel secolo XVII. Lo trovai seduto in una poltrona, il cui dorsale sovrastava di due palmi alla sua testa calva, e al dossale un'arme gentilizia baronale dell'istessa noce tarlata. Ai piedi gli folleggiavano quattro nipoti fanciulli; le nuore trapungevano una bandiera tricolore per Garibaldi; la sorella di lui filava bavella da una rocca di *bambou*; la figlia del primogenito, giovinetta diciottenne, di una bellezza orientale, inginocchiata sovra un cuscino, la testa sul braccio sinistro del padre di suo padre, leggevagli la mia lettera.

Affacciatomi alla porta:

– È lui! dissegli ella piano.

Assurse il barone con alacrità, e guidato per mano dalla nipote mi mosse incontro e si abbandonò fra le mie braccia con tale effusione d'affetti che quasi venne meno, ed anche gli occhi miei si inumidirono.

– Un seguace del nostro redentore sotto il mio tetto! Ah! Nora, Nora, egli esclamò, sollevando le spente pupille al cielo. Fossi tu vissuta a vedere questo giorno!

– Oh gran Dio! lo fosse, proruppe una delle nuore, mentre tutte e la sorella del barone mi si appressavano con un geniale benvenuto dipinto sul sembiante. La lacrima che mi tracciò una riga sino al mento, avvertita dalle signore, servì di passaporto al loro animo, le sciolse dagli impacci del riserbo al contatto d'un forestiero, e me le improvvisò ausiliarie nell'indurre il barone, che opponeva la cecità e gli anni, ad accettare l'officio di sindaco.

La giovine Norina condussemi al balcone che dava sul mare, e indicandomi un gruppo cilestro in lontananza: – Quella è Ventotene; il nonno giacque là incatenato tredici anni; e quivi la nonna soleva sedersi e piangere, e morì pregando invano pel suo ritorno. Io porto il nome di lei, soggiunse, alzando sui miei li suoi grandi occhi nuotanti.

Con una specie di famigliarità squisita e con delicata curiosità, negli intervalli di silenzio del barone, quelle gentili mi strinsero con cento interrogazioni sul genio, sulla virtù, sulla bellezza di Garibaldi, sui pericoli corsi, sui prodigi compiuti, sulle speranze, sull'avvenire. La loro commozione: e la gratitudine salirono al colmo quando le regalai dell'unico ritratto del generale che tenni sempre meco nel portafogli con la firma autografa di lui.

Ma a me importava vincere il signor R... in un altro campo. Dopo una discussione animata in cui la Norina pugnando al mio fianco rivolse contro il nonno l'ingenuità della sua eloquenza, la musica della voce, il magisterio delle carezze, e le seduzioni della preghiera, egli acconsentì di deporre sull'ara della patria gli ereditari rancori contro i B..., che per sì lungo tempo contristarono la terra materna e velarono la serenità d'una virtuosa famiglia.

Solo la vecchia zia, rigida conservatrice di tutto intero il passato dei baroni di R..., ritornò taciturna e implacabile alla bavella e al *bambou*.

Appoggiato al mio braccio, il generoso vecchio venne alla mia residenza fra due fitte siepi di popolo, a cui di rado mostravasi, amoroso e riverente.

Nella sala vidi il signor B..., vicino a mia moglie, in assisa di capitano, impallidire come un cadavere alla comparsa inaspettata del vecchio cieco, seguito da' suoi figli e da molti amici che invitai a pranzo.

Me gli accostai dicendo:

— Ben contento di trovarvi qui, capitano! ora bisogna provarmi che il patriota non la cede al gentiluomo.

Ed ei con due occhi scintillanti e con labbra bianche:

— La vostra dittatura è guanto di ferro che mi stritola. Orrenda cosa sempre la potestà assoluta!

— Mia moglie aspetta il vostro braccio.

E ci avviammo alla sala da pranzo. Il barone s'assise accanto a lei e a canto a me il capitano. Ella ed io con qualche pena abbiamo dato il la alla conversazione; il cibo e i vini ci furono preziosi alleati, e le bande musicali e i battimani incessanti del popolo nella sottostante piazza. Rizzatomi, e fatto silenzio, cominciai:

— Il popolo applaude a questo banchetto di fratellanza; sa che noi qui compiamo un atto religioso, sa che ...

In questo mentre, mi annunziarono una deputazione, che feci introdurre frettolosamente, capitata a salvare in tempo la mia riputazione oratoria, che naufragava nel banco delle scipidezze.

— Signor sindaco, signor capitano! favellò l'oratore della deputazione con una breviloquenza perentoria; il popolo radunato vuole salutarvi riconciliati.

Tali parole elettrizzarono la sala e ridussero a nulla ogni resistenza. La voce ferma e sonora dell'oratore popolano sembrava l'eco della voce onnipotente della moltitudine. Tutti si alzarono, e mia moglie, guidato il barone all'altro capo della tavola, e presa la mano del capitano la congiunse a quella del sindaco con queste parole:

— Consentitemi che io sia pronuba alla riappacificazione di due uomini onesti.

— Giovanni B..., e l'accento solenne dell'onorando cieco suscitò un'emozione in ogni cuore, dite che nel nome d'Italia e di Garibaldi noi abiuriamo il passato.

— Abiuro, balbettò il capitano finalmente vinto.

Si abbracciarono, visibilmente commossi, questi uomini, ai quali venne insegnato di odiarsi fino dalla culla, e obbedienti al comando del popolo si presentarono sul poggiuolo. I commensali dietro di loro coi candelabri accesi illuminavano la scena di due nemici che si stringevano la mano.

Era un quadro di Gherardo delle Notti.

Fissata la partenza per mezzodì, combinai di evitare una nuova ovazione, sguizzando da una porticina per qualche straduccia alla rada. Ma la signora B..., la fanciulla dagli occhi nuotanti, e altre loro amiche stavano attorno a mia moglie con carezzevoli istanze acciocché ci trattenessimo alcuni giorni ancora. Promise ella il nostro ritorno, e intanto impegnavale ad apprestar filaccie e pannilini per l'ospedale di San Sebastiano, e a rallegrare la tediosa convalescenza dei feriti con aranci, con limoni e coi prelibati vini onde Ischia va celebrata. Si dovette adunque scendere alla marina per le vie principali.

Sul punto di partire fui intrattenuto dalla visita di uffiziali borbonici; un maggiore, un capitano e tre luogotenenti. Il maggiore, vecchio e calvo; e veruno degli altri giovine; tutti in gran tenuta: calzoni rossi, tunica azzurra, due bottoniere a curve convergenti dalla punta delle spalle alla cintura; spallini alla francese, di filo d'argento; una placca dorata con la corona borbonica in rilievo, davanti al collaretto dell'abito, e un alto *schakò* in mano. – Io sono il comandante della rôcca di Procida, questi i miei uffiziali, principiò il maggiore: ci recammo qui per prestare omaggio al plenipotenziario di Garibaldi.

Quindi si avvicinarono per baciarmi le mani. Io le ritrassi dispettosamente dicendo:

– Non sono un padre abate. E il maggiore:

– Eccellenza, noi *teniamo moglie e piccirilli*; battuto Francesco II, ci accostammo al governo nazionale. Ignoriamo qual sorte ne si riserbi, e ci raccomandiamo a vostra eccellenza.

Durante gli ingenui detti del maggiore, i suoi commilitoni con patetiche e supplichevoli fisonomie, con le mane, alte un metro da terra, indicavano i *piccirilli*.

Quadro di riso e di pietà.

Ed io stringendomi nelle spalle:

– Veramente non saprei ...

Tutti ad un tratto, collo torto e languidi occhi, interrompendomi:

– Una parolina di vostra eccellenza!? ...

– Fate, ripigliai interrompendoli alla mia volta, atto formale d'adesione al nuovo stato, e per decreto del dittatore in data di Salerno il vostro grado verrà riconosciuto, previa l'osservanza di altro decreto in data di Palermo, che vieta di baciare la mano.

Allora il maggiore:

– Voi siete giovane, ed io posso essere vostro padre; permettetemi che vi abbracci.

E mi abbracciò, e gli altri mi abbracciarono. Io poco dittatorialmente mi sottomisi alla funzione di reliquiario, cercando di capacitarmi se costoro fossero soldati o sagrestani, e guardando se disotto al balteo della spada pendesse il rosario.

All'esultanza frenetica del giorno innanzi, succedette la mestizia dell'addio. Parve una scena di famiglia; la partenza d'uno di casa. Addio senza strepito, quasi muto; al nostro passaggio ognuno si scopriva il capo, molti ci stendevano

la mano anche da lungi, e molti avevano gli occhi rossi. La spiaggia, il molo, le
case prospicienti il porto rigurgitavano di spettatori. Quando il vapore si mosse,
Grazie, gridarono, e ci salutarono con le pezzuole bianche, e stettero a guardar-
ci fin che il battello scomparve girando il primo capo al nord.

Il mare agitato mi costrinse di coricarmi senza indugio, e in quello stato di
languore malaticcio mi lasciai andare in metafisicherie platoniche.

– Basta un raggio di giustizia e di bontà, io pensava, sceso dalle arcane e temute sedi del governo, per fare miracoli di codesti popoli della Magna Grecia, che
hanno i nervi sottili e sensitivi dell'artista; e sono artisti. Il sentimento del bene
ai loro occhi come a quelli di Platone s'imparenta al sentimento del bello; e sulle
ali d'ambidue si ascende così facilmente alla cognizione del vero!

Compagni al mio ritorno erano sul ponte il signor B..., il quale, allo spettacolo di quelle genti meste che ci salutavano dal lido, mi ripetea il verso di
Virgilio:

Exoritur procurva ingens per litora fletus,

i figli del barone e parecchi giovani patrioti i quali mi vezzeggiavano affinché
li presentassi a Garibaldi. Dei repente il battello si arrestò per la frattura nella
macchina. Piccolissimo, stravecchio e senza àncora, veniva palleggiato ignomi-
niosamente dalle acque ingrossate, e risicavasi d'urtare contro gli scogli di
Procida. Sui volti sgomenti del mio corteo leggevasi che col rompersi della macchina erasi rotto l'incanto della presentazione a Garibaldi. E, rivoltomi al signor
B... celiando:

– Ieri abbiamo mangiato le murene d'Ortensio, oggi le murene mangeranno
noi.

Il pover'uomo s'industriò di sorridere, per debito di cortesia gerarchica, alla
mia freddura; allargò la bocca, ma il riso non venne.

– La lancia è a mare a vostra disposizione, dissemi il capitano di bordo.

– Mandatela a Procida per altre barche; ce n'andremo tutti in quelle.

Se l'essere restato a dividere il pericolo comune non infuse coraggio alla brigata, posela nell'obbligo di nascondere la paura. Nondimeno taluno segnavasi
di soppiatto, altri agli angoli del ponte sbottonavasi il panciotto, tirava di sotto
alla camicia un amuleto in raso ricamato e premevalo sulle labbra.

Intanto, rigonfiate le onde già abbastanza gonfie da una fresca brezza, si bal-
lava egregiamente; ma per buona sorte il legno, spinto al nord verso il lido
euboico, allontanavasi dall'isola. In capo a due ore i battelli di salvamento ci
raggiunsero e si vogò a Procida.

Prima di sera toccammo terra a Pozzuoli.

Il mio pensiero riposava nella visione dell'umile cameretta di Santa Lucia, ove mi sarei rifugiato a momenti, gettando nel golfo la clava del supremo arbitrio, ridivenendo il solito luogotenente *d'ordinanza*. E ripetevo, scherzando, a mia moglie un brano di Molière: *Ils m'ont fait médecin malgré mes dents. Je ne m'étais jamais mêlé d'être si savant que cela.*

Il governatore di Pozzuoli trovavasi sul luogo dello sbarco, e in una magnifica carrozza di corte, a lento passo, si percorse la città tutta bandiere e applausi.

Ond'io a lui: – Perché ciò?

– Per onorarvi d'avere protetta in tempo la polveriera di Baia.

Salimmo al palazzo del governo sovra un poggio, ove fu apparecchiata una mensa sontuosa di oltre cinquanta coperti, con isplendidissima illuminazione in cera, con addobbi di damasco e di corone innumerevoli di fiori, con lusso di vini francesi con copia grande di gelati, che soglionsi nelle Sicilie distribuire a metà e alla fine del pranzo.

Abituato ai pasti forse un po' troppo frugali di Garibaldi, credevo di trasognare a quello spettacolo sibaritico, che Garibaldi virtuoso avrebbe disapprovato apertamente, e che io mi limitai a disapprovare in segreto. Ricordai la mela acerba che in cammino da Nicotera a Mileto il generale, seduto a terra, mi buttò dicendo: – A voi, fate colazione. E fu la colazione.

Dovetti ascoltare sonetti e discorsi, dovetti udire e dire cento insipide frasi a un centinaio di persone statemi presentate, le quali tutte intercedevano di accompagnarmi al palazzo d'Angri. Ringraziai e rifiutai quanto più gentilmente mi riescì fatto. Vane ripulse, perché più di venti carrozze aspettavano sul piazzale. Si partì alfine per Napoli. Ogni carrozza riboccava di signori, di uffiziali e di sott'uffiziali della guardia nazionale, e ben cinquanta torce a vento rischiaravano la strada con una lunga e rosseggiante striscia di luce e di fumo. Alle ore dieci si sboccò dalla grotta di Posillipo. Un sudor freddo piovevami dalle tempia all'idea di smontare al palazzo d'Angri con un seguito mostruoso che somigliava a una mascherata di carnovale. Garibaldi sarebbesi annoiato, e i miei amici del quartiere generale non m'avrebbero più lasciato in pace per simile trionfo alla romana dopo tanti eserciti debellati e tanti popoli soggiogati! Giunto davanti alla mia porta di casa in Santa Lucia, scesi con la moglie; tutti scesero.

– Vi ringrazio della compagnia, dissi; sto qui di casa; felice notte!

CAPITOLO V

I SANNITI MODERNI

Per una porticina del primo cortile a sinistra del palazzo reale di Caserta si sale a quei mezzanini le cui finestre prospettano la piazza, da un lato, e, dall'altro, una selvetta odorosa del gran parco. Dodici stanze disposte ad angolo retto compongono l'appartamento; bislunghe, basse, poveramente mobiliate. Ivi il dittatore, sulla fine di settembre, trasportò il quartiere generale. Ad un manipolo di lancieri a piedi n'era affidata la guardia: cappellino piatto con falde rovesciate e parallele al giro della callotta: camicia rossa, brache cenerine, e una lunga asta con picca. Null'altro. Garibaldi aveva ideato d'ordinare una legione di codesti astati, per avventarla, in date occasioni, contro i reggimenti nemici e infilzarli. Ma il manipolo apparve poco seducente e rimase manipolo.

La sala d'aspetto frapponevasi alla camera del dittatore e alle camere degli aiutanti. Nella prima di queste, la sera, ritornati dal campo, convenivano in parecchi a colloqui geniali, a ciarle e a dispute politiche. Parte del quartiere generale professava opinioni democratiche, una parte seguiva le dottrine del conte Cavour, e altri, particolarmente addetti ai servigi privati di Garibaldi, non s'affannavano gran che fra le due tendenze, e stavansene paghi di ripetere le opinioni e i detti di lui. Al comando del quartiere generale venne assunto da qualche settimana il colonnello Paggi. Il Paggi, buon soldato, ardente fautore della Casa di Savoia e della libertà ristretta, mostravasi appassionato delle discussioni politiche, e capitava spesso nel nostro circolo per conquiderci e costringerci ad abbracciare la sua fede. Uomo complesso e rubizzo, parlava in chiave di soprano con trafitture di acuti e striduli suoni, e aiutavasi nella tempestosa eloquenza d'una gesticolazione a larghe ruote; afferrava per un braccio l'interlocutore, forzandolo così all'attenzione, e, accennando addirittura di no col capo, interrompevalo; e gli pigliava una mano e tenendogliela abbassata proseguiva nel suo dire, senza dar tempo all'obbiezione o senza prestarvi orecchio. Le sue idee scattavano nella loro nativa e agreste origine, non alterate dalla lettura né lambiccate dalla meditazione. L'italiano ch'ei parlava era mescolato di genovese, con una sintassi tutta sua. I tempi dei verbi, i generi, i numeri non gli recavano il menomo affanno; ei li considerava pedanterie dei grammatici. Affezionato a

Garibaldi, che seguì in varie campagne, pesavagli che questi inclinasse a democrazia, e ancor più che noi gli fossimo graditi e vicini. Scaltro e diffidente come ligure, ma buono di cuore e diritto come capitano di mare.

La sera del 10 ottobre io entrai nella stanza del circolo con la tabella in mano dell'ordine *del giorno*. – Dunque dimani lo champagne a Napoli, disse il tenente colonnello Missori.

– Chi paga? dimandò il capitano Zasio.

– Paga Mario, oggi promosso capitano.

– Pagherò, salvo il caso di forza maggiore. Ecco l'ordine del giorno. E lessi.

L'ordine del giorno proibiva agli uffiziali del quartiere generale d'andare a Napoli senza un biglietto di permesso, da non accordarsi a più di due alla volta. Scrittura di tutto pugno del Paggi. Un paio di sugosi periodi ingemmati da una coppia di sconcordanze, e una sola delle due *g* che si abbicano nel suo cognome.

– *Mo sta bono!* fece con frase e accento romagnuoli il maggiore Caldesi in atto di avvicinarmisi, visibilmente incredulo.

– Come? credete ch'io falsifichi le scritture? Leggete, ecco qua l'autografo.

Mi corsero tutti intorno: e anco chi s'era coricato scese in fretta dal letto, *in naturalibus*, per verificare la mia lettura. Tant'è, i due spropositi brillavano, e la *g* mancava. Il colonnello entrando ci chiappò sul covo e ci pose in grave imbarazzo, perché io tenevo in mano il corpo del delitto.

– Caro Paggi, cominciai con quella maggiore disinvoltura consentitami dal minuto critico, ma pronunciai il cognome con una sola *g*, ciò che non favorì troppo la ricuperazione della serietà desiderata. Caro Paggi, vi ringrazio d'avermi risparmiato, con quest'ordine del giorno, una ventina di piastre in champagne.

Ed egli, girando l'occhio sospettoso sugli uffiziali: – Non mi pare argomento d'allegrezze!

– Taci, Mario, non mi amareggiare, esclamò Caldesi; manderemo Mingon a Napoli per comperare lo champagne. Berrà anche il colonnello. Non è vero, colonnello? Qui fra noi, alla buona.

La diversione del maggiore Caldesi ha sviato l'attenzione del colonnello, il quale dimandò:

– Chi è Mingon?

A cui Caldesi:

– L'ordine del giorno non lo tange. Mingon, amico mio, famigliare e concittadino, fa meco la guerra per diletto. Lo generò Faenza, lo rapì ... Eccolo qui per lo appunto. Mingon, entrando, a Caldesi:

– Ooh!

Caldesi a Mingon:

– Ooh! – Ooh! era il saluto consueto del domestico al padrone, e di questi a quello.

Il colonnello a me:

– Il generale vuole parlarvi.

– Vo subito.

Lo trovai accigliato e cogli occhiali sul naso, seduto al tavolo, esaminando e firmando carte di Stato.

– Leggete questa lettera, mi disse.

Ravvisai subito dalla scrittura una lettera di Mazzini. Lessi e stetti aspettando ch'egli parlasse per primo.

– Mazzini mi esorta, così principiò, e mi spinge di gettarmi su Roma; mio primissimo divisamento entrando in Napoli. Ma come lasciarmi a tergo sessantamila uomini fra Capua e Gaeta? Appena partito, Napoli sarebbe stata ripresa, e il continente perduto. Nella battaglia campale e decisiva del 1° e del 2 ottobre li abbiamo battuti e fiaccati irreparabilmente; ne facemmo cinquemila prigionieri, e li riducemmo all'impotenza di assaltarci. Ma che per ciò? Cinquantamila armeggiano là tuttavia, sufficienti, se noi lontani, a ripigliare il perduto. Andremo a Roma, non mancherà tempo. Impossibile adesso.

– Giustissimo. Forse, appena giunti a Napoli, quando l'Europa stupefatta pareva dubitasse se voi foste uomo o nume ...

– Ma vi giungemmo soli. Di molte tappe a noi s'addietrava l'esercito, e contro i soldati di Bonaparte bisogna la ragione della baionetta.

– V'ha un mezzo, generale, se non m'inganno. E quivi egli fece un segno d'attenzione con un tantino d'ironia sulle labbra e dentro gli occhi. Si afferma che procedenti dalle Marche ci visitino i Piemontesi. Lasciandoli alla cura dei cinquantamila borbonici, non potremmo noi frattanto in ventimila irrompere per altra via su Roma?

– I Piemontesi vi si opporrebbero; donde la necessità di aprirci il passo coll'armi. La guerra civile... no!

– Se stesse a me, generale, non andrei a Roma, né vorrei i Piemontesi a Napoli.

– Che cosa fareste? Sentiamo anche questa.

– Mi chiuderei nelle Due Sicilie finché vi avessi organizzata la libertà e un grand'esercito di patrioti. Poscia direi ai Piemontesi: "Fratelli cari, dobbiamo emancipare Roma e Venezia; sia gara fra noi di chi fa meglio. Indi il plebiscito".

– So che vorreste la repubblica. Io sono repubblicano come voi; ma la mia repubblica consiste nella volontà della maggioranza.

– Voi, eletto dittatore, rappresentate quella volontà. Io, del resto, m'appello al plebiscito, ma a stranieri cacciati. Bramerei collocata l'urna sui trofei della vittoria.

– Se vedete Mazzini, conchiuse il generale ponendo termine al colloquio, riferitegli la mia risposta.

Rientrato nella sala degli aiutanti:

– *Te vegnet no an te a bagulàa?* mi disse Nullo sorridendo, disteso sovra il letto, fumando un sigaro, ascoltando e tacendo come soleva. Paggi aveva la parola. Gli altri uffiziali sedevano intorno al letto di Missori, che serviva di palestra.

– Un momento, caro Paggi, così Missori troncando la facondia del colonnello. Mario potrà ragguagliarci quanti dell'esercito settentrionale caddero nella campagna delle Marche.

– Seicento fra morti e feriti in tutta la campagna, io risposi; la metà di meno di quanti ne perdemmo noi in una sola battaglia, il 1° ottobre.

– Seicento? cifra di partito! gridò il Paggi.

– Cifra pubblicata nella *Gazzetta uffiziale* di Torino, dal generale Fanti, comandante della spedizione.

Ed egli di rimando:

– Aborro le bugie, perciò non leggo gazzette.

– Né libri, per non perdere l'originalità, susurrò fra parentesi il capitano Zasio.

– Ben detto, colonnello. Ora allungate gli orecchi, e ascoltatene una che le vale tutte in mazzo. – Tirai di tasca la *Perseveranza* e continuai: – Ecco un giornale dei vostri, e narra che la nostra vittoria del 1° ottobre devesi agli artiglieri e ai bersaglieri piemontesi.

– I bersaglieri non li vidi, ma una ventina di artiglieri ci si trovava.

– E venti artiglieri, tuonò Nullo in bergamasco, sconfissero più di cinquantamila borbonici?

– Però il 2 ottobre, ripigliò con turgide gote il colonnello, un battaglione di bersaglieri, venuto il mattino da Napoli, partecipò alla lotta e fece più centinaia di prigionieri. Negatelo, proseguì volgendosi a me; voi eravate presente in Caserta Vecchia.

– Sì, ma prima del battaglione irruppero in Caserta i Calabresi, ai quali spetta il vanto dei prigionieri. Se non che i cinquemila, spoglia opima della giornata, se li pigliò la brigata Sacchi e la divisione Bixio. Il padre Loriquet, per quanto sembra, è l'Urania invocata dagli storici del vostro partito.

– Io non so di Loriquet né di Urania; ma confesserete, disse riappiccicando il discorso con Missori, che la campagna delle Marche fu brillante e gloriosa.

E Missori:

– Io non vi smentisco, ma voi scemate i meriti dei vostri, esagerandoli, e, peggio, mettendo a pari codesta impresa con quella di Garibaldi.

– Ammetterete almeno, notò il marchese Trecchi, il quale volea fare d'un pruno un melarancio, che l'impresa superi moralmente quella delle Due Sicilie per la demolizione del Papato e per la trasfigurazione di Vittorio Emanuele in Enrico VIII.

Ed io, di ripicco, e con risent_ta parola:

– Il Papato è a Roma e non a Rieti, né a Gubbio, come il pensiero ha sede nel cervello e non nelle calcagna. Né il Papato si demolisce con la religione cattolica. "Conserverò la religione degli avi, scrisse il vostro re". I Valdesi e Giannone possono rendervi testimonianza quale religione e quali avi fossero quegli avi e quella religione. Sapete, marchese mio, lo scopo della brillante campagna delle Marche? L'invasione del regno per tagliare le ali all'aquila di Caprera.

– Udite i recentissimi sensi di Sua Maestà a me, ambasciatore del generale: "Sono amico di Garibaldi, ammiro il valore dei garibaldini, verrò a stringervi la mano sul Volturno e a completare le vostre vittorie: le deputazioni d'ogni parte mi vi chiamano". Ditemi di grazia, caro Mario, che sarebbe di noi senza questo intervento? Già la reazione si manifesta nel Molise, e un oratore di Boiano capitò stamane a impetrare dal dittatore aiuto d'uffiziali esperti e qualche battaglione.

– Lo so. Il nemico allungò il suo corno sinistro e fece una punta ad Isernia per foraggiare, per suscitare partigiani negli Abruzzi, e per contrastare il passo all'esercito del nord. Innocenti sforzi! Garibaldi or ora mi disse: "L'abbiamo fiaccato il 1° ottobre; è impotente". Se ciò non fosse, esso avrebbe ritentata la sorte dell'armi contro noi per debellarci e tornare vincitore in Napoli, innanzi all'arrivo del vostro re. Il quale se ci sapesse vinti, volterebbe il cavallo per Torino. Noi assalteremo Capua in breve. È il voto dell'esercito, il nostro sospiro, e una speranza scesa da altre regioni.

– Domando la parola, Caldesi interruppe sbadigliando: scendiamo anche noi come la prelodata speranza da coteste nuvole in terra ferma. Si compera lo champagne, sì o no? Mingon, sentinella vigilante, attende gli ordini. Mingon! Dove andò? Dorme! La vostra eloquenza, ragazzi, gli ha conciliato il sonno.

– A dimani, a dimani, s'udì da più voci.

– *Se conclud mai nagott*, esclamò Nullo, e ci separammo.

– Sai, Mario? mi disse Caldesi; anche stanotte, di guardia alla porta del generale! Il colonnello Paggi è la mia croce. Due volte di già, la guardia in questa settimana!

– E due volte toccò anche a me.

– Vittime designate entrambi del suo furore antidemocratico.

Ritiratomi nella mia stanza contigua a quella del colonnello Paggi, lo interrogai intorno alla causa dell'ordine del giorno.

Ed egli: – Non avete inteso oggi il generale quando a mensa, circondato da più di trenta uffiziali del seguito, pronunciò quelle fulminanti parole: "A pranzo trenta, in campo dieci o dodici!".

– E vi lusingate d'infiammarli alla passione delle battaglie col vostro elisire?

– Almeno non andranno a fare gli eroi su e giù della via Toledo e ai Giardini di Villa, mettendo sossopra, senza averne diritto, i cuori delle belle napolitane.

– Vi defraudarono della vostra porzione? Quelle povere belle, vedovate dalla vostra tirannide, imprecheranno contro di voi, e ogni speranza d'un loro sorriso per voi s'estinguerà per sempre. Ma esse opinano che la medesima distanza divida Caserta da Napoli e Napoli da Caserta. E con simili ciarle ci addormentammo placidamente.

L'indomani all'ora antelucana brulicavamo, secondo il costume, nella sala, bevendo il caffè e aspettando il generale. Il quale indi a poco comparve avvolto nel poncho e il fazzoletto di seta sulle spalle. Noi gli facevamo ala per seguirlo. In quel punto gli mosse incontro un gentiluomo sui cinquant'anni, cappello in mano. Il colonnello Paggi e i maggiori Gusmaroli e Stagnetti gli saltarono addosso come molossi, intimandogli a voce bassa ma concitata di ritirarsi, ché in quell'ora il generale aveva ben altro pel capo. Solevano codesti uffiziali tenere lontana da esso quanta più gente potevano per camparlo dalla noia delle petizioni o dei lunghi discorsi, e principalmente per un senso febbrile di esclusivo possesso della persona di lui, dimenticando che l'uomo del popolo e dittatore doveva ascoltare, conoscere, appagare quanti più gli fosse venuto fatto. Vedevano perfino di mal'occhio e con gelosa ansietà, se noi stessi, aiutanti suoi, gli parlavamo spesso, massime in colloquio appartato e politico. E il generale, a cui tornava molesto il troppo zelo, con guardo acceso:

– Lasciatelo passare.

E queglino, ingrulliti, ristettero e diedero volta.

E il gentiluomo: – Signor dittatore, non so risolvermi di ripartire per Boiano senza il soccorso che v'ho chiesto.

– Mi narraste ieri di tremila patrioti armati e pronti; questi bastano a domare la reazione, o a limitarla dov'è. Il paese liberato deve saper custodire la libertà da se stesso. Voi, maggiore delle guardie nazionali di quella provincia, capitanate i tremila.

– Senza la presenza di soldati vostri, senza l'autorità e la guida di uffiziali del vostro seguito, e fra i più valorosi, non se ne caverà alcun costrutto.

– Se dovessi mandare battaglioni e aiutanti miei ad ogni grido di paura, non mi basterebbe l'esercito di Serse. Difendetevi da voi, vi ripeto.

– Il vostro rifiuto, eccellenza, vi costerà, oltre al Matèse, il Molise, e forse gli Abruzzi.

– La vostra ostinazione va diventando più forte della mia pazienza.

Abbassato il cappellino sugli occhi, il generale troncò la conversazione e mosse verso la scala; il gentiluomo gli andò a panni al lato sinistro, allungando il collo a interrogare di profilo la fisonomia dell'interlocutore, a spiare l'opportunità di un secondo tentativo; e si discese nel cortile. Garibaldi, arrestatosi d'improvviso, tanto che il gentiluomo per moto concepito si trovò d'un passo più avanti di lui, mandò Basso a pigliare il cannocchiale. E Basso:

– L'ho meco, generale.

Il gentiluomo profittò dell'istante per ritentare la prova: – Siatemi indulgente, generale, ponetevi nel mio posto; l'interesse del mio paese mi fa diventare importuno; voi siete patriota anzitutto, e comprenderete ...

– Ora non ho tempo, ne riparleremo stasera: addio.

Quegli scomparve, e noi uscimmo sulla piazza. I primi languidissimi albori insinuavansi nella notturna oscurità, la quale si tingeva del color di piombo. All'opposto lato della vasta piazza si discerneva la pallida colonna di fumo della vaporiera, e si udiva il brontolío della valvola che accennava quasi all'impazienza della sosta. Un ampio stradone conduce dal palazzo alla ferrovia; a diritta e a mancina serenavano le squadre calabresi che non capivano ne' due edifizi ad arco elittico; ali staccate della massima Villa Reale d'Europa. Intendevansi gl'indistinti e lievi rumori d'un accampamento poco innanzi alla diana, l'ultimo rimutar di fianco nel sonno, qualche sonito d'arme, qualche accento velato e fioco di chi si risveglia, qualche schianto di fiammifero. Noi passavamo. – Garibaldi! Garibaldi! taluno già desto gridò.

Più ratto che non succeda al rullo mattutino del tamburo, quel nome fece assorgere i dormienti che s'assieparono, traballando, sul ciglio dello stradone per riguardare le adorate sembianze dell'eroe, per augurargli il buon giorno, per susurrargli una parola d'amore.

La vaporiera ci trasse a Santa Maria, quindi la carrozza a Sant'Angelo, e a piedi facemmo l'erta fino alla sommità; pellegrinaggio di ciascun giorno. Il fianco meridionale del monte famoso è aspro per materie rocciose, vedovo d'erbe e d'alberi, tranne poche betulle, meno rare verso la cima; all'est, una profonda fessura lo discerne da altro monte, in fondo alla quale su due piani stavano in batteria quattro cannoni nostri di grosso calibro; al nord, esso scoscende al Volturno, e all'ovest protendesi in costa ardua lunga e intercisa di creste a similitudine di muraglia merlata. Dalla sommità si scuopre l'opima valle del Volturno, il quale, serpeggiando a vista d'occhio dall'oriente al tramonto fra ripe incassate, sembra un'interminabile striscia d'argento colato e fluente; le montagne sino a Sant'Angelo e Caiazzo lo accompagnano parallele nel suo viaggio, quindi divergono, ed esso, abbracciata Capua con figura parabolica, si devolve al mare, fecondando c'irrigue acque ed abbellendo la pianura di Terra di Lavoro.

Dal vertice di Sant'Angelo, Garibaldi, con assiduo pensiero, vigilava i movimenti del nemico e meditava il passaggio del fiume per irrompere fra Capua e Gaeta, dividere l'esercito borbonico e, dimezzato, conquiderlo oggi sul Volturno, la dimane sul Garigliano. Ivi il giovine monarca delle Sicilie avrebbegli consegnata la propria spada. Così davanti al prestigio del suo nome caddero le rocche dello Stretto ed i castelli della capitale; così si dileguarono cinquantamila uomini davanti alla sua carrozza da Reggio a Salerno; così la flotta, nella rada di Napoli, ammainate le vele e addobbata, con cento e un colpo di cannone lo salutò ammiraglio e signore. Ma avuta certezza dell'intervento del re sardo, lo splendido disegno gli si scoloriva d'ora in ora. L'intervento del re doveva mutare di pianta il carattere della lotta: gl'incanti del mago di Caprera dovevano scomparire, e cessato il prodigio, la realtà riaffacciarsi: un re di fronte ad altro re, l'uno per raccogliere la corona cadutagli al piede, l'altro per istrappargliela. L'intervento sostituiva allo straordinario il consueto, rendeva possibile l'ingerimento della flotta francese e la prolungata difesa di Gaeta. L'ultimo canto del poema epico era finito. Seguiva la prosa degli *errata corrige*, del privilegio dell'edizione e del permesso dei superiori.

Garibaldi per avventura antivedeva lo svolgimento di questi eventi. Il suo più frequente ricordarsi di Caprera e un leggiero velo di mestizia effusa sul suo volto mi persuadevano ch'egli sentiva chiudersi anzi tempo il prefisso cammino. Non lo turbava volgare gelosia, né cruccio d'ambizione insoddisfatta; folgorante di gloria, e, per naturale modestia, schivo d'ogni grandezza, affliggevalo la incompiuta eredità di trionfi popolari ch'ei legava all'avvenire della libertà d'Italia.

Il nostro mostrarci colassù quel mattino fu più del costume festeggiato a colpi d'obice, di cannone e di carabina. Di là del Volturno, che corre ai piedi del monte, il nemico aveva postato due obici alla nostra sinistra, due cannoni rigati di fronte e cacciatori, dentro buche munite, lungo il fiume. Quella musica formidabile durò senza posa quattr'ore; i tiri, alti dapprima, abbassavansi con graduale correzione. Sparsi su quelle creste, eravamo dilettevole bersaglio ai regi, ma non tornava così agevole il colpirci, come faceva mestieri, di prima intenzione. Però alcune granate rombarono appena d'un cubito sovra le nostre teste. In un certo momento, trovandomi ritto davanti al generale che sedeva appoggiato a un masso, mentre congetturavansi i casi di un moto in Ungheria con aiuti nostri, ci sibilò vicinissimo un fascio conico di cannone rigato: – Che diavolo! disse Garibaldi, e mosse una mano come in atto di scacciare via mosca importuna; né più di tanto la conversazione rimase interrotta. E la medesima interruzione si riprodusse in un quarto d'ora ben tre o quattro volte. Io non osavo suggerire al generale di assidersi dietro il masso, nel dubbio che il consiglio non sembrasse abbastanza disinteressato. Nondimeno il silenzio parvemi codardia, e per sottrarmi al rimorso, mi gli piantai davanti nella direzione delle granate. Povero schermo per verità, ma sufficiente a non veder lui ferito. Egli frattanto, sulla via che mette a Caiazzo scorto col cannocchiale un corpo di cavalleria e di fanti il quale moveva a quella volta:

– Scendete, fecemi, ai nostri pezzi di grosso calibro, e tirate a palla su quelle squadre.

Scesi, e i quattro cannoni imperversarono indefessi per oltre un'ora; indi risalii. Nell'ascesa incontrai mia moglie, annunziatrice d'una lauta colazione provveduta dal generale Medici, che il mattino ci accompagnò sul monte. Ragguagliò ella Garibaldi intorno allo stato dei nostri feriti prigionieri in Capua, visitati dianzi da lei.

– Or bene, generale, gli chiesi, quale fu l'effetto delle cannonate?

Ed egli, col gaudio entro gli occhi:

– Quei signori spulezzarono.

Sotto Capua erasi acceso un combattimento fierissimo d'avamposti, al quale via via partecipò la brigata Simonetta. Le artiglierie dei poligoni estremi della fortezza traevano con fuochi incrociati. Ora al fumo delle moschettate succedeva il rutilar delle baionette vibrate, ora un manipolo di cavalieri assai lenti retrocedeva sperperato e più che di passo; ora per gruppi o per masse o alla cacciatora comparivano sullo spianato dai ripari della fortezza i borbonici, ora dal contrapposto emiciclo di alberi le camicie rosse. Lunga vicenda di assalti e di ritirate da entrambe le parti. Noi si godeva il torneo dal nostro luogo eminente, onde Garibaldi impartiva ordini e affrettava aiutanti. I nostri, ricacciati, ripararonsi dietro gli alberi, e i regi rinforzarono i riguadagnati luoghi; la scaramuccia di prima, diventata più seria, stava per volgersi in battaglia. Quando di repente le camicie rosse, surte ferocissime alla riscossa, costrinsero i nemici a precipitarsi verso i bastioni.

– Eccoli provvisoriamente fuggiti, disse in dialetto genovese il maggiore Canzio, destando l'ilarità di Garibaldi. I borbonici, dopo quest'ultima furibonda percossa, ristettero da nuove offese, chiusi in più corto raggio di propugnacoli. E mi venni confermando nella lusinghiera speranza d'un prossimo investimento della piazza, perocché la linea testè conquistata offerivasi meno malagevole agli approcci. Veramente non luceami chiarissimo se al corpo del genio garibaldino fossero famigliari gli approcci, ma confidavo nel genio di Garibaldi, e racconsolavami la rimembranza della acchiappata dozzina di fortezze da Palermo a Napoli senza ministerio di parallele e di trincee. Laonde dimandai:

– Generale, diamo presto la scalata a Capua?

Sapevo che a tal genere d'interrogazioni egli non rispondeva mai, e me ne pentii a mezzo del periodo, ma il labbro fu più pronto della riflessione. Diffatti egli mi guardò con viso contento del voto, scontento del detto, e tirando di saccoccia un mezzo sigaro stese la mano per un fiammifero. Acceso il sigaro, ripigliò il cannocchiale e si tacque. In ciò la risposta. Nondimeno credetti di comprendere che il giorno dell'assalto si accostasse, e comunicai la mia impressione agli amici.

Quel dì montarono alla vetta pericolosa di Sant'Angelo, Crispi e Carlo Cattaneo, consiglieri del dittatore. Garibaldi, ravvisato Cattaneo, mossegli incontro alcuni passi in segno di omaggio a quello splendido lume d'ingegno e di dottrina. Stati a colloquio qualche tempo insieme, Cattaneo si restrinse in mezzo a noi, vago dei giovani, semplice, buono, certissimo di trovare nei segua-ci di Garibaldi, se non i più promettenti intelletti, sicuramente schietti e nobi-li cuori.

Legato a lui dall'amore di discepolo e d'amico, gli presentai quanti fra i miei compagni fecerglisi d'attorno ammiratori del vecchio filosofo e del vincitore di Radetzky nelle Cinque Giornate. S'informò egli dei siti circostanti e degli even-ti, e ciascuno gareggiava d'essergli cicerone.

– Bravi giovani, ei disse: mani armate, libertà e verità. Con queste tre forze farete l'Italia, farete quel che vorrete; non vi occupate d'altro e non pensate ad altro.

Intanto il colonnello Paggi e il marchese penetrarono nel circolo, e dispettosi della presenza del riverito repubblicano, s'accinsero bel bello a dargli sulla voce. Il Paggi latrava, e discorrendo s'incaloriva nel proprio discorso. Le risposte sfol-goranti di Cattaneo gli accendevano le guance e le orecchie, che parevano scar-latte per morbillo. Dio gli usi misericordia degli svarioni che gli piovvero dai denti.

Cattaneo ripartì, e noi sedemmo a cerchio ad un solenne fiasco di vino del Vesuvio, ad alcuni capponi arrostiti, ad un pasticcio freddo, inusitate vivande onde ci fu liberale il Medici.

Noi si ripeteva già la porzione, mentre il Paggi tergevasi ancora il sudore olim-pico, incominciò:

– Gli agenti di Torino, il capitano Zasio, non si veggono mai quassù; si avven-turano tutt'al più al palazzo di Caserta. Fin qui non si arrisicano, che i togati democratici.

– Sì, sì, rispose Paggi; il vostro Cattaneo sarà un grand'uomo come voi anda-te ricantando. In così dire cercava me cogli occhi. Ma oggi sgocciolò dalla sua bocca un rosario di sciocchezze. Me ne appello al marchese. Ci guatammo l'un l'altro come chi aspetta le stigmate. Ma prontamente io interruppi quello stu-pore con la seguente nozione bibliografica:

– Centocinquant'anni fa, il gesuita Lucchesini scrisse un opuscolo intitolato: *Sciocchezze scoperte nelle opere del Machiavelli dal Padre Lucchesini*. L'arguto edi-tore stampò in abbreviazione sulla costola del libro: *Sciocchezze del Padre Lucchesini*.

Se non che il generale aveva già presa la calata del monte, e noi sollecitamen-te lo raggiungemmo. I nostri cavalli ci attendevano in una valletta a metà del-l'erta; montati in sella, procedemmo di colle in colle fino a San Leucio, e per-correndo il parco reale ritornammo al palazzo di Caserta. Le lepri e i fagiani sbucavano tranquilli e addimesticati da ogni forra, da ogni cespuglio, da ogni verzura del parco, e se ne andavano a spasso pei prati e pei viali, raramente correndo, raramente sull'ala. Le loro giornate volgevano serene in placidi ozi, in fortunati amori, in pasture pingui e incontestate. La guerra, che romoreggiava d'intorno a quel sacro asilo, micidiale agli uomini, tornava ad essi propizia, e propizia ancora più la fuga del re cacciatore. Quella pacifica democrazia di mammiferi e di gallinacei confidava forse nel plebiscito, e si cullava nella speranza che non verrebbe eletto un nuovo re, massime se cacciatore.

Sull'imbrunire il gentiluomo di Boiano ripresentossi a Garibaldi, sollecitatore pertinace degli aiuti contro la reazione e affrontatore imperturbabile del corruccio del generale; talmentechè questi alfine cedette e nominò il tenente colonnello Nullo al comando della impresa, il capitano Zasio e me quali suoi aiutanti. Il Paggi suggerì di aggiungervi il maggiore Caldesi, e vi fu aggiunto. Dovevano partire dodici guide a cavallo agli ordini del sottotenente Bettoni e due battaglioni di volontari del Maltese e di Sicilia.

In questo mezzo, da noi, nella stanza usuale, si compilava fantasie sull'imminente assalto di Capua; quando, faccia radiante e portamento relativamente leggiadro, entrò il Paggi messaggiero della spedizione d'Isernia. Corda di violini che si spezzi nella soavità d'un motivo, urta men dolorosamente l'orecchio che quell'annunzio gli animi nostri, fra i castelli di Spagna che andavamo costruendo. Capua, ricinta ed espugnata, e noi sui dorsi selvaggi dell'Appennino, dando la caccia a qualche villano infellonito! Ma assai più ne nuoceva la separazione da Garibaldi. Questa spina acuta per noi, era rosa profumata per il Paggi, il quale fregavasi le mani di veder tolte anche per poca ora quattro teste calde al contatto del generale.

Caldesi, seduto in un angolo della stanza a lato di Mingon:

– Rassegnatevi, ragazzi, disse con affettuosa e persuasiva favella; tant'è! Avrete tempo per Capua al vostro ritorno; ve l'assicuro io.

– Bravo Caldesi, ripigliò il Paggi; assennati consigli! Il generale acconsentì alla mia proposta che voi pure partiate con essi.

Caldesi rizzossi attonito dalla sedia, indi vi ricadde irrigidito, e girando gli afflitti occhi al fedele Acate, gorgogliò:

– *Ciù*, Mingon!

E Mingon, in dialetto romagnuolo:

– *Boia de Signor!*

L'ineffabile ilarità suscitata da questo quadro imbalsamò la ferita apertaci dal Paggi, e nella gioconda compagnia di Caldesi subitamente si presagirono meno amari i giorni della spedizione. Rizzossi egli da capo, e con movenze piuttosto incerte si avvicinò al nostro gruppo, accennando di parlare a Paggi.

Caldesi, uomo sui quarantaquattro anni, di media statura e pingue anzi che no, vestiva una grossa camicia rossa; davanti al bàlteo di filo d'argento pendevagli un borsello che posava quasi orizzontale sul convesso del ventre e conteneva la rivoltella. I calzoni aderenti alle polpute gambe erano in basso racchiusi entro le trombe degli stivali, girate da una fascia di marocchino verdastro e con le due orecchiette di fettuccia pendenti all'infuori. Al tacco di questa calzatura borghese lampeggiavano vistosi e sonanti speroni. Il suo passo era breve e l'un piede piantavasi a riguardosa distanza dall'altro, quasi si peritasse del centro di gravità. Aveva sulla fisonomia il sigillo della bontà inalterabile; e qualche macchiuzza pallente intorno alla luce degli occhi conferiva al suo sguardo un'espressione che vacillava fra il serio, l'arguto e l'ameno.

La sua ingenuità schiettissima zampillava originale e spiritosa. Le sue idee e le cose riflettevano agli occhi suoi, forse a ragione delle macchiuzze, una particella meravigliosa ch'egli esprimea con parola lenta, musicata, nasale e intinta d'accento faentino, provocatrice di freschissime risate. Cospiratore da vent'anni, or esule, ora carcerato, soldato nelle guerre dell'indipendenza, deputato alla Costituente romana, rispettato e popolare in Romagna, si capisce che se ridevamo di lui, egli possedeva il nostro amore.

Piantatosi davanti al colonnello Paggi:

– Veramente, proruppe, non saprei, ma..., non so se mi spiego..., è un'ingiustizia..., voglio dire..., vado..., però mi sembra..., dico per dire..., supponiamo..., potevate proporvi voi stesso..., del resto, salvo errore..., bella occasione di far parlare di voi..., la disciplina non c'è dubbio... *Ciù*, Mingon, andiamo a letto. – Ed uscì.

Cessata la sensazione piacevole di questa scena, riprese il suo dominio lo sdegno di prima, e così alterato m'avviai all'appartamento di mia moglie. Entrai senza pronunziar sillaba, viso lungo, cappello in testa.

– Che hai? Che cosa ti accade? ella mi dimandò affettuosamente.

– Il canchero alla reazione! Vuoi venire anche tu?

– Dove?

– Alla caccia dei *cafoni* in Isernia; cinquanta miglia da qui.

In questo mentre presentossi Pietro di Bergamo, mio soldato di ordinanza, a ricevere, secondo il solito, gli ordini per l'indomani.

– I cavalli insellati per le sei. Dietro la sella avvolgerai il panno da campo. Noleggia subito una buona carrozza a due cavalli per la stessa ora. Condurrai il mio cavallo a mano e t'unirai alle guide. Null'altro.

E ripigliando il discorso con mia moglie:

– Dunque vieni anche tu? Già si tratterà d'una farsa come quella di Forio d'Ischia; campane, petardi, confetti, fiori, pranzi, arringhe, sonetti; ed io ne sono ristucco. Il signor Garibaldi poteva anche risparmiarmene, sapendo quanto desideravo di assistere alla presa di Capua.

– Ma tu credi ch'egli prenda Capua? Io non credo. Non credo ch'ei pensi di bombardare una città. Lascerà questa cura ai generali piemontesi.

– Però al quartiere generale se ne ragiona come di cosa sicura. Comunque sia, mi rincresce d'andarmene nell'ora dello scioglimento del dramma. Vieni tu?

– Impossibile. Ti seguii per assistere i feriti. Mi offersi d'accompagnarti ad Ischia perché non ce n'era ancora. Ora gli ospedali riboccano.

– È giusto.

L'indomani partimmo per Maddaloni, ove stanziavano i due battaglioni della spedizione. Nullo, Zasio ed io ci sfogavamo contro il signor Pallotta, il gentiluomo di Boiano; e Caldesi contro il colonnello Paggi.

Dopo colazione esco dall'albergo per dare un'occhiata al mio cavallo, e m'imbatto nel gentiluomo adagiato in una carrozza al gran trotto! Accennato al cocchiere d'arrestarsi, m'affaccio allo sportello e dimando al gentiluomo sue novelle.

– Io, soggiungo, ed altri uffiziali fummo distaccati dal quartier generale per capitanare le vostre genti di Boiano. Non potevate arrivare più desiderato e più a proposito.

Egli mostrasi turbato come persona sorpresa nella esecuzione di occulto disegno, e bofonchiando, risponde:

– Vo a Napoli.

– A Napoli! Che c'entra Napoli con Boiano? Abbiate la bontà, signor mio dolce, di scendere e di seguirmi.

Accoppio all'intimazione un movimento imperioso, da dritta a sinistra, dell'indice, per cui il gentiluomo si capacita della vanità d'ogni replica, e discende. Gli amici, coricati sul sofà in sala da pranzo, e involuti in una nube di fumo dei sigari, in mezzo alla nuvola ruminavano concetti strategici, e Caldesi sulla tabella del conto dell'oste scriveva il nome del colonnello Paggi con una sola g.

– Vi presento, dissi con solennità, il gagliardo provocatore della nostra spedizione, che va a Napoli ad aspettarne il risultato.

– Ah! ah! esclamò Nullo balzando in piedi, riassettandosi e atteggiandosi autorevolmente.

E l'inquisito: – Vo a Napoli, perché ci ho lasciato il gabbano.

– Che gabbano d'Egitto! rispose Nullo. Forse che da Napoli raccoglierete i tremila volontari promessi a Garibaldi?

– Un gabbano ve lo darò io, dissi.

Ed egli: – Ho anche altri interessi importanti da combinare.

Ed io di rimando:

– L'importantissimo dei vostri interessi è di difendere il vostro paese dalla reazione. Ieri tenevate a Garibaldi il linguaggio d'un antico romano, ed oggi anteponete alla patria il gabbano? Farete la finezza di venire con noi.

E Nullo:

– No. Egli ci precederà per approntare in Boiano i tremila armati al nostro arrivo.

– Signori – con supplichevole labbro riprese lo smarrito gentiluomo – impegno la mia parola d'onore, che domani posteggerò da Napoli per Boiano; ma è assolutamente necessario che io ci vada oggi stesso.

– Voi avrete l'onore di comandare l'avanguardia contro i *cafoni* e i soldati regi, io gli soggiunsi.

Ed egli al suono di questi accenti mi guardò con occhi dilatati e fissi che pareano di porcellana. Indi sillabò:

– L'avanguardia!

– Senza dubbio, il posto d'onore a voi, maggiore delle milizie cittadine, paesano e promotore della impresa.

Nullo conchiuse il dialogo ordinando di rincondurlo alla carrozza, e volgendo il discorso a lui:

– A Boiano, difilato. Vi raggiungerò con due battaglioni. Frattanto esplorate i disegni e i movimenti del nemico.

Il pover'uomo, carezzandosi la testa calva e acconciando dalla nuca verso le tempia i radi capelli grigi, avea il sembiante di persona oppressa dal presentimento che i *cafoni* gliel'avrebbero fra poco cimata e confitta in una picca. – Voi mi sagrificate! borbottò con voce suffusa da un gemito.

Accompagnandolo alla carrozza lo confortavo con l'adagio che "un bel morir tutta la vita onora". Però quell'afflitto d'un tratto si rifece snello, e pel súbito fulgore degli occhi scopersi dalla punta, di un'ala il pensiero d'irsene a Napoli per altra via. Sedutosi con tutto agio, e da quell'accorto ch'egli era, mi disse, con aria di persona rassegnata:

– Avrei preferito di andare in compagnia vostra, come voi proponeste. Indi al cocchiere: Gennariello, per Boiano.

Nel punto medesimo sopraggiunse un caporale, fatto chiamare da me, tosto che sospettai il segreto divisamento del mio nobile amico.

– Monta in cassetta, per Boiano, ai servigi del signor maggiore sino al nostro arrivo.

E rivolto a quest'ultimo con viso sorridente gli feci:

– Arrivedello!

Il caporale poi mi raccontò che nell'atto della partenza il gentiluomo mormorò fra i denti al mio indirizzo:

– *Mannaggio* all'anima tua!

Avviati i due battaglioni, il mattino susseguente li arrivammo e li oltrepassammo colla nostra carrozza, viaggiando a Campobasso oltre Appennino. Raccogliticci e nuovi ai combattimenti, quei soldati avevano aspetto non troppo marziale e rassicurante.

– Se disponessi di due battaglioni dei nostri Lombardi, osservò Nullo, mi assumerei d'entrare in Isernia *cum citharis bene sonantibus*.

– Temporeggiando e destreggiando se ne può trarre partito, notògli Caldesi. Alle avvisaglie facendo mano mano succedere più gravi conflitti, io m'affido nella vittoria.

– Quando ci vedranno primi al pericolo, io soggiunsi, supereranno la nostra aspettazione. A Maddaloni i Siciliani, sotto Bixio, fugarono alla baionetta più d'una volta le ostinate colonne nemiche.

– Garibaldi, mio caro Caldesi, non ama le lungaggini, né io le amo più di lui, replicò Nullo. Potremmo, indirizzando la parola a me, ottenere i risultati di Bixio se uno dei nostri incorniciasse i due battaglioni.

Ed io di nuovo:

– Supplirà al valore il numero. I tremila che suppongo troveremo a Boiano e qualche aiuto che fornirà Campobasso, capoluogo della provincia, ci abiliteranno ad una guerra corta e fulminea.

Eravamo già entrati nel Sannio. Il Matese e il Molise sui due versanti dell'Appennino, che noi varcammo sino a Campobasso e rivarcammo sino a Boiano, furono l'antica patria di quella stirpe guerriera e formidabile che umiliò Roma nei più fieri giorni della repubblica. Lungo il viaggio, data qualche tregua alle cure della guerra, allentammo la briglia al nostro entusiasmo d'umanisti, mutammo per poco la marcia militare in pellegrinaggio archeologico, e rifrugando nei nostri studi giovanili di Tito Livio, di Micali, di Niebhur, c'industriammo di ricomporre leggende, tradizioni, fatti, istituti, templi, città, collocandoli al loro posto sui dossi silvestri e desolati di quelle montagne limitate dalla Campania, dalla Apulia, dalla Lucania; dove un dì fiorirono oltre due milioni di Sanniti, ed oggi miseramente vi stenta la vita appena mezzo milione di *cafoni*. – E stimi tu, mi dimandò il capitano Zasio, questi straccioni, con sandali di pelle di capra, con feltro a tronco di cono, messi sossopra da un vescovo per riavere il Borbone e la schiavitù, discendenti legittimi di quei terribili e pomposi guerrieri, che armavano talvolta ottantamila fanti e ottomila cavalli, e sfoggiavano tuniche marziali di preziosi colori e scudi intarsiati d'oro e di argento, e tenerissimi della libertà, facevano sudar sangue ai Romani intesi a domarli, e domi e pesti e scaduti potevano aiutarli validamente contro Annibale, e nella rassegna delle milizie dei soci in Roma figurare con settantasettemila soldati?

– Misericordia! esclamò Nullo, a tanto sfoggio d'impreveduta erudizione.

– Scommetto che ha il libro in tasca, disse Caldesi procedendo alla perquisizione personale. Perdio non l'ha! Fresco di collegio il giovinotto! Mette appena i baffi. Or bene, in che anno *urbis conditoe* intervenne la rassegna?

E Zasio:

– Nel 529 per paura della invasione dei Galli.

– Bravo ragazzo, riprese Caldesi, verificheremo nella biblioteca di Campobasso.

– Io non dubito punto, risposi a Zasio, che in codesti *cafoni* circoli puro il sangue sannitico.

– Le prove! le prove! interruppe Caldesi. Noi sappiamo che Silla, l'implacabile distruggitore del Sannio, andava ripetendo al terzo e al quarto, in casa, in foro e pei quadrivi, che Roma non avrebbe riposo sin che un solo Sannita sopravvivesse.

– Padronissimo il signor Silla; ma noi sappiamo altresì che centomila pidocchi divorarono prima lui e il desiderio crudele.

– Non dimenticare, ripigliò il capitano Zasio, che di venti città sannitiche non si rinviene più né indizio né memoria.

– Sì; con ciò si spiega la scomparsa di tre quarti della popolazione: però sussistono Telesia, Isernia, Boiano, Eclano, Alfedena. Non ci troverai più parimente né i due milioni di libbre di rame in moneta, trasportato a Roma da Papirio il giovine, né le armature onde Carvilio fuse il colosso di Giove in Campidoglio, visibile dalla cima di monte Albano. Ma che per ciò? Le reliquie dell'antica razza sopravvissero con le reliquie di quelle città. Caduti i Cesari, passarono sotto il dominio dei Longobardi, esercito e non popolo: poi sotto la podestà dei Greci, dei Saracini, dei Normanni, eserciti sempre e non popoli. Né popolo fu mai distrutto nell'età moderna. I luoghi disameni, la vita pastorale e rusticana, le rare e scarse convivenze cittadine non contribuirono certamente alla mescolanza dei sangui e a nuovi innesti sul primitivo ceppo. I successivi padroni li avranno tiranneggiati ed emunti, ma non impalmarono le loro donne, abbastanza brutte. Oggi costoro soggiacciono ciechi all'autorità del vescovo, che nelle chiese li stimola alla reazione e li determina alle più atroci vendette in nome dell'indipendenza.

– Nel tumulto d'Isernia, disse Nullo, mutilarono orribilmente gli avversarî presi. Un *cafone* vantava lo squisito sapore del lombo di don Peppino cotto alla bragia[5]. Poi rivoltosi al vetturino lo interrogò sull'appellativo di *cafone*. – *Cafoni*, eccellenza, si chiamano i contadini, e *galantuomini* i proprietari.

– Il vescovo dei Sanniti, io ripigliai, era il *Meddix–Tuticus*...

– Ferma, ferma, gridò Caldesi al cocchiere; e il cocchiere arrestò subitamente i cavallli.

– Che c'è? chiese il capitano Zasio.

E Caldesi con uno scoppio di risa: – Il nome di quel vescovo?

Il giovine Zasio, che in fatto di erudizione non gradiva lo scherzo, rispose con qualche enfasi:

---

[5] Questo fatto ed altri parecchi dell'istesso genere, che allora correvano di bocca in bocca, vennero poi riconfermati nel processo che di quella reazione fu incoato davanti alla Corte d'assise di Santa Maria di Capua (Giugno e luglio 1864) [Nota dell'A.]

– Meddix-Tuticus non era un nome proprio, ma il titolo del magistrato supremo di ciascuna società sannitica. Le loro convivenze erano teocrazie, e quel titolo è voce di lingua osca.

– No, interruppe Nullo seccamente.

– Come no? replicò con vivacità e con faccia vermiglia il capitano.

A cui Nullo: – È voce di lingua bergamasca.

Il capitano la cui serietà erudita dovette capitolare, fece al cocchiere: – Avanti!

Ma il maggiore Caldesi, vago di nuove celie, mi dimandò:

– Che c'entra monsignor vescovo d'Isernia col tuo Tuticus per la discendenza sannitica dei *cafoni*?

– Come ora il vescovo, in altro secolo ispiravali e movevali arbitro il Tuticus, magistrato e sacerdote. Vedi là sulla sinistra quel monte? È il Taburno. Alle falde, le Forche Caudine.

Ed egli: – Me ne rallegro tanto.

– Sulla cima selvosa sorgeva uno dei sacri delubri custodito da cento spade fedeli ove si raccoglievano i Sanniti con religioso tremore, nel silenzio, nell'oscurità, fra i gemiti delle vittime umane al piede degli altari scellerati. Là con orribili giuramenti promettevano sommissione e obbedienza assoluta ai principi sacerdoti. Obbedivano allora e combattevano per la libertà delle patrie montagne; obbediscono adesso a una simile autorità, e credono di combattere per lo stesso fine. I tempi e le forme mutarono, l'istinto di soggezione religiosa rimase invariato, e sussiste tuttavia vincolo sociale e ispirazione guerriera.

– Può darsi, osservò con ciera pensosa il capitano, ma le mi paiono arbitrarie analogie e fragili deduzioni. Un abisso di secoli disgiunge le due età, e ci vorrebbe la pupilla divina per discernere i sottilissimi fili del rapporto.

– Io non v'insisto: però v'ha un'altra qualità di prova; le medaglie scoperte a Rocca d'Aspromonte presso Boiano. Le teste nelle medaglie paiono fotografie dei *cafoni*; chioma crespa e voluminosa, fronte bassa e larga, naso schiacciato e narici turgide, zigomi espressi, mento ampio e labbra senza curve.

– Sembrano i connotati d'un passaporto, fece Caldesi. Se tali le medaglie, tali i cafoni, ma non basta per battezzarli Sanniti. Ci vuole una prova morale; li vedrò in battaglia.

A Ponte Landolfo ci aperse la sua casa l'esattore delle gabelle, caldo fautore delle nuove cose e uomo d'accorti consigli. Egli ci informò che duemila fra soldati regi e gendarmi occupavano Isernia, ove mettevano capo due o tre migliaia di cafoni, i quali mantenevano viva la ribellione in un raggio di quindici a venti miglia da quel centro. Costoro, spartiti a squadre che caporali dei gendarmi guidavano, campeggiavano sui monti dilatando l'orbita della insurrezione a' più rimoti villaggi, e componevano ugualmente a squadre i nuovi associati senza distaccarli dalla cultura dei propri campi.

– E questi, ci proseguiva, sono i più terribili, perché, scorgendoli voi alla zappa e alla marra sulle sudate pendici, non ne pigliate sospetto; ma eglino, ad un segno convenuto, per vie ignote altrui, ad essi notissime, vi balzano a tergo, oste ordinata e inattesa. Le vostre genti, quand'anche intrepide, salvo non formino un esercito da schiacciarli, non gl'intimidirà. Solamente li impaurisce il fragore del cannone. Avete cannoni?

– No.

– Or bene, due cose vi sono indispensabili per vincere, secondo a me pare: un paio di cannoni, e cautissimo occhio contro le sorprese.

Quivi il maggiore toccandomi colla mano una spalla mi bisbigliò:

– Sai che comincio a crederli Sanniti davvero!

Abbiamo lungamente dibattuto fra noi se dovevano chiedersi i cannoni a Garibaldi; ma poiché io solo mi opponevo, venne deliberato affermativamente, e commesso a me l'officio d'ire oratore a Caserta per ottenerli. Andai, dimostrai, insistetti, pregai, ma ritornai senza cannoni. A questa novella il gabelliere fece un segno di croce sopra il naso. Passate in rassegna le truppe a Ponte Landolfo, esse mossero per Boiano e noi deviammo a Campobasso. Giace Campobasso in una dolce vallea cinta di poggi e di domestiche collinette floride di vigneti, le quali stranamente contrastano colle rupi del selvaggio Appennino varcate allora allora. Al nostro ingresso nella piazza, dalla strada di Civita Nuova arrivava un centinaio di cafoni insorti, prigionieri di drappelli volanti dei volontari paesani, legati a due a due con corde ai polsi senza che la circolazione del sangue abbia messo in gran pensieri i legatori; un grosso cavo scorrente per lo lungo conservava in colonna le cinquanta coppie, e cafoni patrioti custodivano e conducevano i cafoni ribelli fra gli applausi della popolazione accorrente e accalcata, e li gettarono nelle carceri, stivate di già. Le carceri formavano un lato della piazza, e dalle finestre senza cassettoni, massime di pianterreno, i detenuti, arrampicati alle inferriate, conversavano placidamente coi cittadini, e dalle finestre superiori calando borse chiedevano l'elemosina. Alcuni cappelli tignosi allineati sul lastrico imploravano con tacita favella l'obolo al passeggiero, e qualche mano pia distribuiva il rame raccolto ai rispettivi proprietari. Altri parlava, altri discuteva, altri chiamava, altri guariva, altri cantava; tumulto assordante e perpetuo.

La popolazione ci accolse lietissima, e il signor X..., il più opulento e riputato dei cittadini, ci aperse le sue case ospitali.

Il tenente colonnello Nullo venne munito dal dittatore di piena potestà civile e militare nella provincia, per cui l'intendente De Luca affrettossi ad ossequiarlo ed a profferirsigli ai comandi. Alto della persona, bell'uomo, energico, fiero, reprimeva faticosamente l'ingenita baldanza al cospetto di Nullo più fiero di lui, e in pochi istanti infastidito della sua facondia romorosa e soffocante.

Con voce metallica e profonda e con gesto soggiogatore, l'intendente descrisse le sue recenti scorrerie militari in Isernia, le peregrine prove di valore, gli atti virili di repressione, il salutare tremore incusso, e sigillò la virtuosa istoria col fatto della ritirata, secondo me, consanguinea della fuga; gemella della ritirata di Senofonte, secondo lui.

– Ciò poco monta, sorse a dire Nullo; siete disposto, signor intendente, a riadunare i vostri commilitoni e a seguirmi?

– Veramente, colonnello, gl'interessi amministrativi della provincia...

– Bene, bene, riprese Nullo con sottile, ma visibile sogghigno, provvedetemi d'ambulanze e di viveri che invierete senza indugio a Boiano.

Frattanto il capitano Zasio, che, pari al Medoro dell'Ariosto,

"...avea la guancia colorita
E bianca e grata nell'età novella;
E fra la gente a quella impresa uscita
Non era faccia più gioconda e bella,"

era rimasto a geniali colloqui con le signore di casa. Il giovine guerriero raccontava con ardente linguaggio le meraviglie dei Mille a una fanciulla di ventun'anni che ascoltavalo con crescente attenzione. Cognata del signor X... e orfana, visse insieme alla sorella nel severo raccoglimento d'una famiglia perseguitata dal Borbone, il quale interdisse per dodici anni al signor X... l'uscita dalla provincia del Molise. Chiusa in se stessa, nelle letture assidue, nei lavori femminili e nelle cure casalinghe ella contrasse abitudini riserbate e contemplative. Non vide mai Napoli, centro del gran mondo e del bel mondo. In villa, l'autunno, dalla vetta del monte con avido occhio cercava quel mondo fra i vaporosi termini dell'orizzonte, schiva delle assegnate e borghigiane consuetudini di Campobasso, schiva della pedestre e vulgare gioventù concittadina. Ella perseguiva con pensiero costante un ideale che in quella valle rimota e solitaria giammai non avvicinò. Sortiti dalla natura alti e fieri sensi, nudrita d'odio contro la tirannide che perennemente stillavano le labbra del cognato, sospirava i terribili mattini della riscossa e della vendetta nazionale, e idoleggiava ne' suoi sogni un uomo il quale con gli studi, con la coraggiosa propaganda avesseli affrettati, e con valorosa mano avesse aggiunta una foglia alla corona della vittoria. Nel nobil cuore di un tal uomo, Silvia immaginava di versare il guardato tesoro di forti e tenerissimi affetti. Non era una bellezza incontestabile, e per avventura il piglio energico offendeva le delicate linee della grazia, se pure la sua spontaneità nativa non rendevalo attraente come il fiore della selva. Spigliata e agile della persona, avea il passo, la posa, la dignità d'una principessa. Calzava il breve e asciutto piede con eleganza pericolosa; e se alcuna rara volta toglievasi i guanti, mostrava una mano lunghetta e rosea, con pozzette ridenti e con ridenti e rosee e ovali e tenerissime unghie. Aveva bellissimi gli occhi bruni, ai quali le folte ciglia conferivano un'espressione complessa di voluttà, di mestizia, d'ingenuità, di penetrazione. I voluminosi e nitidi capelli neri, pettinati a ritroso e raccolti in un fascio di elaborate treccie, facevano spiccare la fronte di statua greca, ove esultava la giovinezza. Uno zendado bianco coprivale a metà la stupenda curva del capo, e aggruppato disotto al collo scendeva in doppia falda listata di frangia d'oro.

Il velo d'Iside.

Quel dì il capitano e Silvia, attirati inconsapevolmente l'uno verso l'altra, ebbero più fiate occasione di particolari colloqui: si trovarono vicini a pranzo, soli a passeggio in giardino nell'ora del caffè, e dirimpetto in carrozza. Questa serie d'opportunità non fu ordita, nacque da sé; e noi intertenendoci coi signori X..., vi abbiamo cooperato. Egli palesossi cavalleresco, appassionato, eloquente. Vago di sintesi ed educato alla scuola sentimentale degli umanitari, le sue idee pigliavano sembianze pellegrine nella mente di Silvia, e vi s'impressero come una ghirlanda di punti luminosi che l'abbagliarono. Forse, udite da altre labbra, ella avrebbele accolte con più cauta deferenza; ma raccomandate dalla giovinezza e protette dal valore, ogni acume di critica divenne ottuso. Silvia apparve ascoltatrice intelligente, interlocutrice vereconda, giudiziosa e arguta.

Noi c'eravamo accorti di questa simpatia e, per avventura, ne sospettò anche la sorella. Nell'intervallo in cui il capitano fu mandato da Nullo all'intendente per accelerare l'allestimento delle provvigioni, il maggiore Caldesi con pietoso artificio condusse la conversazione su di lui, e ne sbozzò con forti imprimiture la vita.

Silvia, assisa sopra divano appartato, sfogliando l'albo dei ritratti e sfiorando col mento la testa bionda d'una nipotina, non dava segno apparente di attenzione, ma bevea con avidissimi orecchi il grato eloquio dell'oratore faentino; e quand'egli ragionò del brillante coraggio di Zasio, io la colsi mentre, disotto agli archi delle magiche ciglia, essa saettò sul maggiore un'occhiata sfavillante di gratitudine, e, scolorata in viso, svolse con più rapida mano le pagine dell'albo.

Al ricomparire del capitano le accoglienze di lei divennero molto più contegnose di prima, e forse uno zinzino confuse. I loro discorsi mano mano si fecero meno eruditi, meno abbondanti e i silenzi più prolungati. Ognuno dei due cercava invano argomenti di chiacchiera, sentívasi vuota la mente, e dell'inopinata imbecillità stupiva e dispettava. Lo incontrarsi dei loro sguardi principiò a produrre un crescente e inesplicabile turbamento, e l'indomani sera, all'opera, porgendole il braccio sino al palchetto, egli fu assalito da un tremito, non isfuggito a lei, che gli concesse appena di reggersi in piedi. Il teatro era illuminato a giorno in onor nostro, ed ella vi comparve in tutto il fulgore della sua bellezza.

L'ampio volume dei capelli, fisso posteriormente da pettine d'oro a mezzaluna, scendevale spartito in doppia onda di ricci sul colmo e agitato seno. La profusa luce di cento lampade dava alla sua faccia, pallida per l'emozione di que' due giorni, una trasparenza e un tono di sì squisita delicatezza che solamente il pennello del Correggio avrebbe saputo colorire.

Alla sinfonia dell'opera precedette l'inno di Garibaldi, nuovo allora e miracoloso, che cantarono i virtuosi sul proscenio. Dalla elettrizzata folla eruppe un turbine d'applausi, e in quell'istante di universale esaltamento, gli occhi dei due innamorati si confusero in uno sguardo appassionato e decisivo. Dopo lo spettacolo, riconducendo alla carrozza l'angelica donna, l'uffiziale osò premere leggermente col suo braccio il braccio di lei, e parvegli che ella non isdegnasse la tacita dichiarazione. Ignoro se fosse il primo amore di Zasio; era certamente il primo di Silvia.

Indarno la notte, l'inebriato capitano provò di addormentarsi; riaccesa la candela, indarno tentò la lettura dell'ultimo Politecnico che trovò sul tavolo; l'immagine di Silvia rifletteasigli dominatrice nel pensiero. Parendogli poca l'aria respirabile nella camera, si rivestì, aperse la porta che metteva in giardino, e uscì. Ma nemmeno la notturna brezza consentiva al suo petto traboccante di felicità il libero respiro. Egli esalava la piena degli affetti in caldissimi sospiri; spiava ne' cieli l'accarezzata forma, con le mani giunte mandavale baci lassù, e obliandosi esclamò quasi con un singulto: – Divina Silvia! Silvia non veduta, vide e udì. Abitava la camera superiore e, da più lunga ora, di dietro allo sportello della persiana invocava essa pure dal pio raggio delle stelle quiete al suo cuore commosso.

Il giorno susseguente ci ponemmo in viaggio per Boiano. Il capitano tesoreggiò il minuto in cui ella passeggiava soletta tra le aiuole del giardino, le si accostò peritoso, e le disse con voce tremante e con aspetto smarrito:

– Partiamo; forse non ci vedremo più; una palla potrebbe...

A questa frase s'accorse d'una lagrima sul ciglio di lei e tacque.

– Dunque, addio, Silvia, ripigliò l'agitato giovine.

Silvia, stesegli la mano, quel giorno senza guanti! Egli la strinse palpitando, e come uscito di se stesso:

– Silvia, ti amo, balbettò; e fuggì.

Al nostro arrivo in Boiano, Nullo, che immaginò accampati sulla piazza i tremila volontari, scorgendo la piazza ignuda, non frenò la sua ira contro il signor Pallotta.

Saranno in caserma, fece burlando il Caldesi.

Dove sono le genti promesse? chiese Nullo ingrecato al gentiluomo con una ciera che diceva: – Acconciati dell'anima!

– Signor colonnello, mancarono al convegno.

– Avete spedito esploratori?

– Non ne ho trovati.

– Di quanti militi della guardia nazionale pronti a marciare disponete?

– D'una ventina.

Ed io che conoscevo il lato debole del compare, mettendomi nel discorso, soggiunsi:

– Li guiderete voi.

– Vi pare decoroso per un maggiore, guidare venti uomini!

L'ingenua risposta ci restituì il buon umore, e pigliammo l'uomo e le cose dal loro verso, sostituendo l'epigramma e la celia all'invettiva e alla collera.

I due battaglioni, le guide e i cavalli nostri pervennero già sul luogo dalla sera antecedente. Il gentiluomo mandò in giro i tamburi della milizia cittadina per battere a raccolta, e si adunò l'annunciata ventina con un sergente e due caporali. Mentre Nullo si congratulava seco loro e li ringraziava, il maggiore Caldesi a me in aria di canzonatura:

– Questa ventina d'eroi incarna la novissima parola di Bovianum, metropoli della federazione sannitica, e, come ci tramandò Tito Livio, *opulentissimum armis virisque.*

Lo squarcio erudito del patriota di Faenza riscosse dal sonnambulismo il capitano innamorato; e, in stile satirico, rompendo il silenzio:

– Sta in difesa di Alberto Mario che *Bovianum* rimase distrutto da Silla!

Ma le nostre oziose ciarle troncò un *cafone* capitato da Isernia, il quale con allegro sembiante raccontava la improvvisa ritirata dei regi eseguita nella notte verso Capua con parte dei cafoni, e la scomparsa degli altri per l'appressarsi delle truppe piemontesi. La grata novella rinfrancò gli spiriti sbigottiti della città che temevano ad ogni ora una scorreria cafonica, e il novelliero ebbe carezze e benedizioni. Nullo ordinò immediatamente una ricognizione a Cantalupo con metà delle genti.

– Sai, Nullo, disse Caldesi con voce più nasale del solito; io non gli credo, e se fossi in te lo piglierei e lo farei fucilare qui sulla piazza da questi buoni militi della guardia civica. Che ti pare, eh?

E Nullo: – Si vedrà.

Montati in sella, uscimmo, nelle ore pomeridiane, di Boiano, la quale si sviluppa in lunga riga alla radice d'un monte dirupato, a dieci miglia da Campobasso, a venti da Isernia, e forma il vertice all'angolo ottuso descritto dalla strada consolare. Mirando ad Isernia, Boiano costituiva la nostra base naturale d'operazione. Guadato il fiume Biferno che le scorre dappresso, movemmo su Cantalupo, piccola borgata a ridosso d'una ridente collina, un po' a sinistra della consolare. Giratala con una compagnia, la investimmo di dietro e di fronte al passo di corsa e vi snidammo uno sciame di cafoni insorti, i quali ricoverarono velocissimi sovra più alto monte da tergo, sulle cui sommità ravvisammo altre squadre postate di riserva e in vedetta. Il fratello del nostro ospite di Cantalupo, arrivato da Isernia nella notte, ci ammonì che i regi e gl'insorti accampavano in quella città, e che vi si aspettava da Capua il generale Scotti con quattromila uomini.

– Evidente dunque, susurrò Caldesi al mio orecchio, che la notizia fatta spargere in Boiano nascondeva un'insidia. Il perfido messaggiero certamente ora cammina relatore al nemico delle nostre povere forze. Quattro palle in petto gli avrebbero chiusa la bocca. Ma Nullo ha la natura del leone e sdegna di percuotere i colpevoli volgari!

Il giorno seguente (17 ottobre) sul mezzodì, chiamato da Nullo, giunse il resto della colonna da Boiano e, lasciati cento uomini guardiani in Cantalupo, si proseguì alla volta d'Isernia. Dopo le due, eccoci all'altezza di Castelpetroso. Troviamo la borgata letteralmente deserta, toltine un vecchio e una ragazzetta che ci contemplavano con atteggiamento d'idioti senza rispondere alle nostre interrogazioni.

– Quest'aria di cimitero, osservò il maggiore, non mi piace. Il gabelliere di Ponte Landolfo ci parlò di agguati. Ei mi sembra il caso. Di codesti abitanti non ne vidi uno al lavoro dei campi. Dove se ne andarono eglino? Il luogo eminente di Castelpetroso è naturalmente forte; io mi arresterei qui per oggi. Qui abbiamo le spalle assicurate. Che ne dici, Mario?

– Anch'io, risposi. Non sembra indifferente esplorare la montagna per chiarire la causa di tale derelizione. E giacché i Piemontesi avanzano dalla via di Sulmona, di qui potrebbesi irrompere di fianco sul nemico accapigliato con essi di fronte. Tale consiglio prudente mi suggeriscono i dubbi di Nullo sulla fermezza de' nostri soldati.

A cui Nullo:

– Occuperemo Pettorano a due miglia da Isernia; vedetelo lassù, sulla punta di quel monte a pan di zucchero. Dobbiamo gettarci sul nemico anzi che arrivi il rinforzo di Scotti. Se gl'insorti ci minacceranno le spalle, noi sposteremo la nostra base d'operazione da Boiano a Castel di Sangro, mutandoci siffattamente in avanguardia dei Piemontesi. Se irresistibilmente attaccati di fronte, ripareremo con sicurezza su Boiano facendo testa a Castelpetroso.

– Però non credo, replicò Caldesi, che giovi scendere da un'altezza sicura per risalirne altra dubbiosa.

– L'idea di Nullo è brillante e schiettamente garibaldina, io ripicchiai, ma presuppone l'idea sorella che noi sfondiamo il nemico procedente da Isernia per effettuare la marcia di fianco sulla consolare di Castel di Sangro; la quale idea ne presuppone una terza: l'intrepidità dei soldati.

Comunque fosse di queste nostre speculazioni e discrepanze strategiche, prepotendo la massima abituale dell'andare avanti, si procedette sino ad un'osteria sulla consolare alle falde di Pettorano. Ivi attendendo le nostre genti, ristorai di acqua e di biada il mio cavallo, presagendo che in quel dì avrei dovuto contare non poco sul fatto suo.

Alle quattro facemmo il nostro ingresso in Pettorano. Da Cantalupo a Pettorano apresi, solcata dalla consolare, una gola ripidissima e alpestre di ben tredici miglia, convergente sino a Castelpetroso e quasi parallela a Pettorano. Poi essa spandesi in dolce vallata ove giace Isernia, che si vede e si domina da Pettorano.

Nullo affidò un mezzo battaglione al capitano Zasio, commettendogli di piantarsi su Carpinone, arduo monte di prospetto a Pettorano. Collocò il maggiore all'osteria con sessanta uomini di riserva; e a me ordinò di munire, coi seicento rimanenti, il colle di Pettorano che protende una delle sue pendici a guisa di cuneo orizzontale verso Isernia.

Ciò fatto, spiegai in catena una mezza compagnia a traverso la gola, anello tra le falde di Carpinone e di Pettorano. Alle quattro e mezzo principiò la manovra del nemico da Isernia. Un battaglione di regi, la più parte gendarmi, avanzava sulla consolare e sui campi laterali con mezzo squadrone di cavalleria: alle ali cafoni a torme. Per animare i nostri con una prova segnalata di valore, Nullo mi fece raccogliere le guide e i soldati d'ordinanza.

Così in diciotto si scese da Pettorano; toccata l'osteria, il maggiore e Mingon si aggiunsero al drappello. Di là al galoppo all'incontro dell'avanguardia borbonica sulla consolare. Quei di Carpinone, testimoni del fatto, ci battevano le mani, e mandavano alte grida d'entusiasmo ripercosse dal monte di Pettorano. Spintici in prossimità dei regi, li caricammo a briglia sciolta, e li mettemmo in volta disordinati.

– Indietro, indietro! I *cafoni* al monte! urlarono di repente i nostri di Carpinone. Noi li udimmo, e nondimeno si proseguì l'irruzione. E per verità vivissime e inaspettate scariche ci colsero di fianco della pendice avanzata di Pettorano, che io avevo guernita di duecento uomini. Nullo non sapeva persuadersi come quell'importante posto fosse stato preso senza lotta, e temendo di perdere Pettorano, divisò di rifare il cammino sino alla borgata. Si accese pertanto un combattimento strano fra noi cavalieri e i *cafoni*, che dietro agli alberi ci bersagliavano diabolicamente a pochi passi. Al sottotenente Bettoni, delle guide, una palla infranse una gamba e lo condussero alla nostra piccola ambulanza all'osteria. Noi cacciando i cavalli su per l'erta nell'oliveto con rivoltelle e con spade venimmo alle strette coi cafoni. Intanto, scesi in aiuto alquanti da Carpinone, e accorsi quelli che io collocai nella gola, dopo un accanito contrasto ci riescì fatto di ributtare gl'insorti in piena rotta. Nullo mi ordinò di assumere il comando dei sopraggiunti, d'inseguire i cafoni, di regolarmi secondo le circostanze, e di tornare a ragguagliarlo. Egli e il maggiore e le guide voltarono il cavallo verso Pettorano.

Messi insieme un centocinquanta soldati, li guidai contro i fuggenti. L'avanguardia regia respinta dalla nostra carica a cavallo, il successivo ritirarsi dei cafoni e lo affacciarsi del mio corpo persecutore gettarono qualche scompiglio nella colonna nemica, la quale ripiegava sovra Isernia. Tentò essa due volte di fronteggiarmi, ma raccolti i miei in massa l'assaltai alla baionetta, e pervenni di gettarne una parte sulla sinistra e d'impedire il suo ricongiungimento col rimanente che per la consolare si rifugiò in Isernia. Mi sorse in pensiero d'entrarvi insieme alla rinfusa, ma ignoravo quale fosse la mente della cittadinanza; temevo d'oltrepassare le intenzioni del comandante, e quantunque i miei avessero superato le mie speranze, non ero certo della loro virtù per un cimento supremo e cotanto ineguale. Stetti perplesso alquanto, e al fine deliberai d'impadronirmi della linea di collinette che limitano la pianura e sovrastano a Isernia; ove mi collocai. A man ritta la consolare biforcandosi volge ad Isernia e a Castel di Sangro. Mi rallegravo d'averla sgomberata dai nemici epperò di poter porgere facoltà a Nullo d'eseguire senza ostacolo l'anteveduto cambiamento della base d'operazione, se necessario.

Era già mezz'ora di sera e nessun ordine mi venne trasmesso dal comandante. Laonde, consegnata ad un capitano la custodia della collina, rifeci la via al quartiere generale di Pettorano per riferire il risultato delle mie operazioni, per apprendere i particolari della vittoria su tutta la linea e per ricevere nuove istruzioni. Una sequela d'archibusate partite da Pettorano mi fastidiva il ritorno, e deploravo il solito vezzo dei volontari di tirare ad ogni ala di vento, anche contro ai propri amici. Giunto con qualche difficoltà a traverso i campi, intercisi da fossati e da siepi, sulla consolare, mossi al trotto verso l'osteria discosta circa due miglia. Dopo un miglio m'imbattei in alcune squadre dei nostri carri senza cavalli. Riconosciutici a vicenda, queglino mi dimandarono notizie con voci confuse e paurose, narrando che furono sbaragliati dai regi e che pel momento favorivali l'oscurità.

– Caso parziale, io risposi con accento rassicurante; noi abbiamo battuto completamente il nemico e la giornata è nostra.

A tali asseveranze stettero paghi e lieti, ed io tirai diritto al passo. Il silenzio diventava di più in più profondo e solenne. Dopo breve tratto, dalla pendice di Pettorano la consolare piega a sinistra, traversa la gola, poi si ripiega a destra alle radici di Carpinone. Ivi mi percossero l'orecchio gemiti di moribondi, e la notte stellata consentivami appena di distinguere alcune masse brune sul fondo chiaro della strada. Smontai di sella e riconobbi che gli erano cadaveri e feriti, tragicamente mescolati insieme. Subito m'acquetai ricordando i caduti nel combattimento che sostenemmo per espugnare la pendice. Sperando che qualcuno di quei dolorosi potesse intendermi, li affidai che avrei mandato senza indugio a raccoglierli e medicarli. Veruno pronunciò sillaba, e l'ininterrotto rantolo dell'agonia fu la sola risposta che mi venne udita. Ma nel procedere sul mesto sentiero, la vista frequente di consimili masse brune funestò i sereni pensieri della vittoria, e mi assicurò che quello fu teatro d'altre e fiere lotte, mentre io all'avanguardia guadagnavo le colline d'Isernia. – Quant'è grave il sonno sugli allori! dicevo sospirando meco medesimo. Affé di Dio, si direbbe che non ci fosse anima viva! Poveri diavoli, le fatiche della marcia, le ansie della battaglia li affranse. Solito effetto del primo fuoco. La sensazione del primo fuoco stanca più della marcia. Avevo ragione di obbiettare ai dubbi di Nullo sul loro valore, e Nullo si sentirà arcicontento del torto, considerando che le prime armi dei volontari americani nella guerra dell'indipendenza, e dei francesi nel 1792 si riepilogano in belle e buone fughe. Però se la campagna è seminata di morti a simiglianza della strada, vincemmo peggio di Pirro.

Con siffatte riflessioni capitai all'osteria. Bruciavo dal desiderio di risapere gli eventi, di consolare le fauci riarse con un bicchier di vino e lo stomaco vuoto con qualche vivanda. – Quivi, pensai, piglierò in un favo il maggiore e Mingon a cena. Entrai, chiamai, picchiai e corsi la casa di dentro e di fuori. Deserto! né ospiti, né oste, né creatura viva. – Bene, dissi, l'oste se ne sarà ito saviamente e gli amici sarannosi ristretti a Pettorano. Ma, perdio, nemmeno un picchetto di guardia! nemmeno una sentinella! Traversai la consolare e cavalcai su per la salita di Pettorano, scacciando dall'animo le cure uggiose che vi faceano capolino. La fantasia mi figurava la statua della vittoria coperta d'un manto funebre.

A mezzo dell'erta incontrai un pecoraio col suo gregge reduce dai pascoli propinqui; e con accento nemico rispose alle mie interrogazioni che non sapeva nulla, e giratami villanamente la schiena affrettossi alle pecore. Salendo con crescente sospetto, in prossimità delle prime case di Pettorano arrestai un contadino che discendeva, e impugnata la rivoltella gli domandai:

– Vieni da Pettorano?

– Sissignore.

– Vi sono gli uffiziali garibaldini, quei della camicia rossa?

– No.

– Come no? Dimmi il vero o ti buco la testa con due palle.

– Signore! ci sono i gendarmi e i soldati di re Francesco che mangiano e bevono in allegrezza.

– Ma gli uffiziali e la truppa garibaldina?

– Circondati e vinti dai soldati e dai paesani, un'ora innanzi sera i cavalieri tentarono ritirarsi per la consolare, e i fanti per i monti sulla direzione di Boiano.

Sbalordito da questo annunzio fulmineo, stetti alquanto sospeso e mi lampeggiarono alla mente in riprova gli ordini indarno aspettati, i colpi di moschetto di Pettorano, i carri di provvigione e il drappello tagliati fuori, il silenzio, i feriti senza soccorso, l'osteria abbandonata. Poscia ripigliai:

– I *cafoni*, dove si diressero?

– Si accamparono sulle alture che dominano la consolare da qui a Castelpetroso.

– Sono in gran numero?

– Non saprei quanti con precisione, ma certo da due a tremila.

– Tu m'inganni ed io t'ucciderò. Dissi e montai il cane della rivoltella; indi soggiunsi:

– Precedimi a Pettorano. Mossi il cavallo; e il contadino a me:

– Arrestatevi, signore; v'assicuro che là trovate i gendarmi, e v'incamminate alla morte. Se volessi ingannarvi, vi direi – andiamo.

– Ebbene, va a verificare di nuovo, io t'attenderò ai piedi della salita; giurami sull'ostia sacra che ritornerai e mi riferirai la verità; io ti regalerò due piastre.

– Giuro e vado per accontentarvi; ma i gendarmi ci sono come voi siete qui.

Parevami codardia lo scendere, eppure trepidando sulla sorte della mia schiera e risoluto di raggiungerla, scesi. Venti minuti appresso ricomparve il contadino a riconfermarmi il fatto terribile. Dategli le due piastre e stesagli la mano, lo ringraziai, stupefatto assai più della sua generosità che della nostra disfatta. Egli, separandosi da me, mi augurò buona fortuna e mi consigliò di pigliare la cima dei monti. Io mi avviai verso le colline d'Isernia al mio manipolo. Ma a poca ora di là l'incontrai sgominato e atterrito e assottigliato; nel riconoscermi, quei miseri, si racconsolarono alquanto, e riseppi che un'ora dopo la mia partenza un nugolo di nemici fece impeto sulla collina, e ne li ributtò all'arma bianca, perseguitandoli.

Io li ragguagliai della situazione, e gl'invitai a seguirmi verso Boiano, sulla consolare, aprendoci la ritirata con la punta della baionetta.

– La ritirata di soldati garibaldini, conchiusi, deve risolversi in un assalto.

Nativi del Molise quei volontari, pratici dei luoghi, m'invitarono alla loro volta di lasciare il cavallo, di montare sulla cima delle montagne, e di cima in cima riparare a Boiano con minore pericolo.

Risposi che in quello infortunio non erami grave il morire, che avrei stimato viltà abbandonare il cavallo, e che preferivo la morte affrontando il nemico, alla salute evitandolo. Eglino non pertanto presero l'erta, ma, divisi nell'opinione, si divisero per le opposte montagne, ed io soletto voltai e mi mossi sulla consolare. Percorse due miglia, la gola allargandosi s'impaluda ed esala miasmi crudeli. Afflitto dalla febbre perniciosa nel settembre e paventandone la ricomparsa, balzai in piedi, tolsi, disotto alla sella, il panno e me ne feci mantello. Radi colpi di moschetto disturbarono di poco il mio viaggio. I *cafoni* sicuramente si concentrarono alla termopile di Castelpetroso. Procedevo al passo per non istancare il cavallo travagliato da nove ore d'incessante lavoro, serbandolo al supremo esperimento. Un miglio ancora e m'apparve sulla via biancastra una macchia nera. Dapprima la giudicai un albero abbattuto, ma il rumore dei passi di gente armata sul dosso soprastante m'indusse a crederla un gruppo di cafoni. In qualche minuto mi s'intimò *l'alto, chi va là?* A cui, *Viva l'Italia!* gridai, e mi spinsi avanti al galoppo.

– Ferma, amici, amici.

Era un pugno di sbandati, fra i quali parecchi uffiziali. Non appena io pronunciai alcune parole, mi vennero udite dall'alto le seguenti esclamazioni. – Ah! signor Alberto! signor Alberto! il mio padrone! E sento un uomo balzare da un enorme masso sulla strada e dietro di lui un cavallo fare il medesimo salto senza fiaccarsi le gambe. Strettemi le ginocchia, quell'uomo ripetè con traboccante emozione:

– Ah signor Alberto! vivo! ora sono contento!

Era Pietro di Bergamo, il mio soldato di ordinanza.

Sei o sette di loro contemporaneamente s'industriarono di chiarirmi sulle vicende della giornata. Sfogato il naturale talento di spassionarsi in massa, mi furono cortesi di favellare uno alla volta. E narrarono che altri trovossi sul colle di Pettorano, altri all'osteria, e Pietro con lo stato maggiore. Appresi adunque che il battaglione regio e le due ali *cafoniche* marciavano da Isernia in arco di cerchio, di forma che la sinistra toccando il monte di Carpinone e la destra investendo la pendice di Pettorano, il battaglione nel centro figurava in seconda linea, e che intanto un secondo corpo di gendarmi uscito dalla opposta porta d'Isernia, per celati sentieri irruppe su Pettorano di fianco, appoggiato dalla manovra simultanea della mentovata ala destra. Quest'ultima operazione eseguitasi mentre il comandante e noi del suo seguito si assaliva a cavallo il battaglione del centro, i difensori di Pettorano, avviluppati da due fuochi, separati da Nullo, che avrebbeli coll'esempio trattenuti o tratti in opportuno luogo, diedero volta a passo accelerato. La discesa sulla consolare e il ricongiungimento con gli amici furono loro vietati dalla presenza di ben tremila *cafoni* in armi, i quali, sbucati dai versanti esterni della doppia riga di monti e calativi per primi, preclusero da tergo il passaggio.

Laonde la scarmigliata colonna, offesa per ogni verso, arrampicossi sulle scoscese sommità con un filo di speranza di ridursi almeno in parte a salvamento. In questo mezzo, riedeva Nullo per difendere Pettorano, ma, pervenuto all'osteria, grosso nerbo di gendarmi e di *cafoni* dalle finestre e all'aperto, lo accolse con un fuoco micidiale. Ricostituita, in mezzo alle palle borboniche, la retroguardia, già trabalzata dall'osteria, e le guide, con ripetuta irruzione saggiarono indarno di schiudersi il varco. Allora la scorata retroguardia rifugiossi al monte, ripromettendosi la compagnia degli accampati in Carpinone. Nullo, il maggiore Caldesi e sette guide, rimasti deserti, spronarono i cavalli nella folla dei nemici, e mercè di quell'impeto, di minacciose grida, di sciabolate e di colpi di rivoltelle passarono oltre, ma poco più in là urtarono nella moltitudine dei cafoni, e se ne ignora la sorte. Pietro, impedito di seguirli, dovette cacciarsi col cavallo alla montagna, e fra balze e greppi penosamente si trascinò là ove lo rividi. Se non che, la terribilità della situazione non era la morte, giudicata inevitabile, sibbene il modo della morte. Quegli spietati non accordavano quartiere, e i caduti nelle loro mani, o feriti, o sani, lentamente uccidevano.

Durante l'esposizione della lacrimevole istoria, io meco stesso andavo indagando le cause del disastro, e parevami che Nullo, scambiato il temporeggiamento col tempo perso, errasse scostandosi dalla posizione gagliarda di Castelpetroso, prima d'avere munite le spalle e addestrata al fuoco la schiera novizia; e poscia, anteposto all'utile coraggio la temerità perniciosa, errasse dipartendosi, per avventarsi col suo stato maggiore sul nemico, dal battaglione di Pettorano. Lui presente e i suoi, la pendice non sarebbe stata perduta, né Pettorano presa senza combattimento, e, in ogni ipotesi, egli avrebbe potuto colorire il disegno d'invertire l'ordine della guerra trasferendosi, con movimento obliquo, sulla consolare di Castel di Sangro, mentre le maggiori forze nemiche adunavansi su quella di Boiano. I nostri di Carpinone ne avrebbero agevolato la riuscita.

Esaurite le informazioni e le considerazioni, io così parlai a quella banda di afflitti:
– Strettamente recinti dal nemico cento volte più poderoso di noi, impossibile la resa perché esso tortura e scanna i prigionieri e perché i garibaldini non si arrendono. – Noi siamo perduti. La fortuna ci ha riserbato questa fine, ma la nostra volontà ce la farà subire con infamia od affrontare con onore.

Probabilmente la notte persuase il nemico di raccogliersi in Castelpetroso, ov'egli aspetterà le vaganti reliquie della nostra legione che tentassero il ritorno, sinché il nuovo sole gli conceda di trucidarle per la campagna. Lo stato disperato v'ispiri il coraggio della disperazione. Vi propongo che ci apriamo il passo di Castelpetroso con la baionetta; io mi porrò in testa di colonna. Uniti e risoluti, qualcuno di noi potrà uscirne vivo.

La via dell'onore è anche la via della salute. Avanti!

Scossi e riscaldati dalla mia concione, benché adagio, mossero i piedi e mi tennero dietro. A mezz'ora di là, c'imbattemmo in una carrozza rovesciata sull'orlo della consolare, senza cavalli. Era la carrozza ch'io feci noleggiare a Caserta da Pietro. Dinanzi ad essa giaceva il vetturino immerso nel proprio sangue, che si dibatteva nell'ultime angosce della morte. Poco più giù, sulla china, stavano supini vari cadaveri ignudi; alla luce di fiammiferi ravvisai Bettoni di Cremona,

ferito sotto Pettorano, sottotenente delle guide, Lavagnolo di Udine, Mori di
Mantova, guide; il soldato d'ordinanza di Caldesi e alcuni altri che non riconobbi; tutti trafitti da arma bianca. Solo il cencioso vetturino era vestito.
M'accorsi che il miserando spettacolo svigorì gli animi della mia squadra. Pur
nondimeno si andò avanti, io vuotando il sacco delle buone ragioni, e Pietro
associandovi alcuna salutifera piattonata sui renitenti. Un'ora di più, e spunta-
rono sul basso della strada varie case della fatale borgata, distaccate da essa un
quarto di miglio; ce le indicarono le striscie di luce uscita dai balconi socchiu-
si. Io chiamai quattro dei più intrepidi a precedere la colonna in due coppie a
cinquanta passi per esplorare la strada e antivenire una sorpresa, con ordine di
ripiegarsi sulla nostra fronte in prossimità della borgata. Faticosamente potei
deciderli a venti passi, e in qualche minuto, indietreggiando, si rimescolarono
con gli altri. E a me che ne li rampognava, una voce ostile mi saettò che invece
di mandare avanti altrui, vi andassi io stesso.

– Andrò, risposi, se uno di voi assume il comando in luogo mio. Promisi d'essere primo nell'entrata di Castelpetroso e sarò primo. Ad ogni modo qui siamo
tutti ugualmente primi.

Io e Pietro all'antiguardo, e i tetri guerrieri ci tenean dietro lentissimi.
Oltrepassato in pace il casolare, eccoci al fine a Castelpetroso. Costrutta a tre
quarti della montagna ripidissima, Castelpetroso è una borgata lunga oltre
mezzo miglio, tortuosa e solcata dalla consolare. In quella notte vi si attendarono effettivamente due migliaia di cafoni, perché punto strategico.

A un gomito della strada arrestai i seguaci, e li arringai di nuovo quanto più
calorosamente mi venne fatto. Frattanto i posti avanzati dei cafoni, impediti di
offenderci coi fucili, perché ivi il monte, ergendosi a picco, ci cuopriva, rotola-
rono sassi e macigni che ci rovinavano addosso; allorquando da un cespuglio di
faccia, appartato dalla consolare, s'intese il chi va là? Pietro chiesemi che cosa
dovesse rispondere.

– Rispondigli: *Viva l'Italia!* No: *Viva Garibaldi!* Capiranno meglio.

Replicarono alla nostra risposta con un colpo di fucile che chiamò all'armi le
masnade.

– Amici, così io parlai; ora alla prova. Avanti! Viva l'Italia! Io vi precedo.

I sassi piovuti feceli titubare, la carabinata li distolse dalla forte risoluzione, e
retrocedettero. Indirizzatomi a Pietro, gli dissi:

– Vieni tu?

– Vengo.

Vôlto un pensiero d'addio alla moglie mia, mi spiccai al galoppo.

Il nemico, schierato sul ciglione che costeggia da un capo all'altro della borgata la consolare serpeggiante, ci aspettava coll'arme puntata. Una scarica di
prospetto, ci salutò nell'ingresso, e, girato l'angolo, fummo tempestati di fian-

co da un turbine di palle a brucia pelo. Pietro, che galoppava alla mia sinistra, giudicò prudente di porsi alla dritta, ond'io coprendolo gli fossi di schermo, ed attuando questa manovra, mi levò dal piede una staffa. Inefficace precauzione, imperocché nel descrivere le curve e gli angoli della contrada, eravamo talora fulminati e di fianco e di faccia e da tergo. Un getto continuo di cartucce accese, tanta era la propinquità degli offensori, balenava per ogni verso intorno a noi e ai cavalli. Agli spessi volgimenti aggiungevasi il forte pendio che ne costringeva a rallentare il corso, e ci offrivano al nemico più continuo e più agevole obbietto. Il mio cavallo, sempre irrequieto e indocile nei combattimenti, quella notte, forse penetrato della gravità del caso, aveva messo giudizio e filava diritto come una freccia. Intanto si andava avanti. Pietro impugnava uno spadone, io la rivoltella per farci largo nella possibilità d'un assalto sulla via; e studioso dell'equilibrio mi occupavo nel tempo stesso a tirare or da un lato ora dall'altro il panno che m'ero già tolto di dosso e avevo posato sul collo del cavallo: la cura della umidità del di poi e della febbre probabile, mi distraeva dal fuoco attuale e dalla morte certa. I *cafoni*, irritati di non vedermi cadere malgrado i cento e cento colpi, raddoppiarono di lena coll'appendice delle feroci imprecazioni, degli ululi furibondi, e ne intesi anche di donne. Era un tumulto. Sulla fine della borgata la strada sviluppavasi in emiciclo nella congiunzione di due monti, ove le offese nemiche allentarono. In capo ad esso un cavallo ucciso ingombrava il passo: quel di Pietro trascorse senza difficoltà, ma il mio, affetto dal ribrezzo del confratello estinto, rinculava, dava volta, impennavasi. Il nemico, profittando dell'intoppo, mi bersagliò con tiri convergenti e gettossi sulla strada per afferrarmi. Finalmente, più del ribrezzo, potendo sull'animo della sconsigliata bestia la logica degli speroni, si risolse di saltare il morto e di conservare due vivi. Colà la gola si spalanca, la consolare cala dalla costa all'alveo del Tiferno e lo traversa; i tiri sempre più discosti e innocenti grado grado cessarono. Conceduto qualche respiro ai cavalli e acceso il sigaro:

— Senza di lei, mi fece Pietro, partito fra l'ammirazione e la gioia, io non ci sarei passato per Dio! e non so di chi altri ci sarebbe passato. Ora possiamo contare d'essere nati due volte a questo mondo.

Nondimeno, sino a Cantalupo sovrastava il pericolo d'una imboscata, e benché si progredisse in sull'avviso, estimavamo oggimai un gingillo qualunque sbaraglio. Ma la consolazione d'avere campata prodigiosamente la vita in tanto frangente ci amareggiavano il ricordarci degli amici trucidati, l'ignota fine dei rimanenti e la scena nuova per noi della sconfitta. Contristati dalla pietà, dalla incertezza e dall'umiliazione, a mezzanotte s'entrò in Boiano. Sulla piazza, una pattuglia della guardia nazionale ci fermò e le chiedemmo ansiosamente novelle e risapemmo che alcuni erano arrivati. Smontati alla stalla, sparsa di cavalli sdraiati con tale abbandono che parevano spirati, volai alla casa del gentiluomo, con cuore trepidante. Sedeva egli sul letto sgomento e livido come una larva, con l'orecchio teso, immaginando *cafoni* ad ogni ala di vento. Eppure, memore dell'ingrato scherzo di Maddaloni e della catilinaria della vigilia, nel rivedermi dopo la dispersione e la ruina, un lampo di soddisfazione guizzò negli occhi incavati, e un fuggitivo sogghigno gli contrasse gli angoli della bocca. Ne l'ho redarguito più tardi; per allora gli dimandai affannosamente degli amici. Entrato nella stanza indicatami, trovai Nullo coricato e Sottocasa da Bergamo, guida. Eglino a me ed io a loro sembrammo apparizioni. Mi, raccontarono sommariamente che il maggiore Caldesi posteggiò alla volta di Campobasso per trasmettere un telegramma a Garibaldi, che nulla sapevasi del capitano Zasio, che quasi metà delle guide perì nella ritirata, e che appena un'esigua porzione della colonna fin'allora chiappò alla riva.

– Un'ora prima del tramonto, continuò Nullo, circuiti e stretti da ogni canto, rompemmo violentemente il circolo degli assalitori davanti all'osteria, percorremmo la consolare, sotto un fuoco di fila a dieci passi durante cinque miglia, sino al di qua di Castelpetroso, pestando e ferendo quanti s'ardivano sbarrarci la via. Gl'infami assassinarono in carrozza Bettoni e qualche altro ferito, Lavagnolo e l'ordinanza del maggiore che li scortavano.

– Li trovai, interruppi, cadaveri e spogliati.

– Mori, ripigliò egli, ebbe ucciso il cavallo, e aggrappatosi alla coda d'altro cavallo venne atterrato e spento di moschetto e di pietra. Il piccolo drappello lottando con valore e con calma sopravvisse in parte all'eccidio con sì meravigliosa fortuna che tuttavia parmi una illusione. Non so comprendere come questi astuti villani non abbiano asserragliato la strada, e spiego la singolare fortuna nostra congetturando che tirassero al cavaliere, avidi del cavallo. E per ciò e per la velocità e per l'audacia radi colpi percossero.

– A me però, disse Sottocasa, all'uscita di Castelpetroso ammazzarono il cavallo, ed io rimasi confitto in terra colla gamba destra sotto il suo ventre. Inutilmente mi sforzai d'estarmela, e frattanto assisteva all'andirivieni dei cafoni sul ciglione, intesi a tirare sui trascorsi, o in attenzione di nuovi vegnenti. Essi non m'uccisero forse perché, vittima certa, mi riservavano a più studiato supplizio; quando dopo mezz'ora d'agonia, in un sussulto estremo del cavallo che moriva, cavai la povera gamba lacera e schiacciata. Trascinatomi a quattro zampe fino al margine della consolare, diroccai a valle. Di laggiù, tutto ammaccature e guidaleschi, zoppicando e dolorando, in cinque ore feci le dodici miglia sin qui.

Anch'io li ragguagliai delle mie avventure, lumeggiando in ispecie il serafico candore ond'erami sorbita la certezza della vittoria, e la brama, condita d'una dose di vanità, di far rapporto al comandante delle mie geste, di cui già avevo ordito la tela della narrazione e composto il riepilogo sullo stile di Tacito: *il*

nemico rovesciato in Isernia, le alture occupate, la via a Castel di Sangro liberata.
Così eglino, in mezzo alle tragiche imagini di quella giornata, sorrisero un tantino alle mie spese.

Al tocco ci demmo la buona notte. Dopo sedici ore di sella, e digiuno, mi addormentai sul sofà nell'atto di svestirmi, e alla dimane trovai una braca e uno stivale cavati e una braca e uno stivale calzati.

Nella notte e al mattino capitarono nuove genti, ma nessuna traccia ancora di Zasio. Passeggiando sul mezzodì verso il Tiferno, mi occupava molto pensiero di Silvia. – E s'ei fosse morto, _o mi chiedeva, che avverrà di lei? come celarglielo? Mi figuravo la bellissima donna, desolata, impazzita; mi sentivo pieno il cuore di compassione e di malinconia. – Fin da iersera ella sa certo del nostro disastro, e il maggiore avrà pure dovuto in un modo o nell'altro confessarle d'ignorare il destino di lui. – Ma le dimande, le risposte, le supposizioni, la pietà, ond'ero agitato, sospese il trotto d'un cavallo sul ponte. Ravvisai immantinente il giovine capitano.

Serratiglisi intorno cinquanta uomini delle due compagnie, ond'egli campeggiava in Carpinone, le quali nella súbita invasione dei *cafoni* alla schiena si sparpagliarono, Zasio tentò con vano impeto la calata sull'osteria nel momento della mischia.

Riguadagnata la vetta e travagliato dai nemici postati in luoghi inaccessibili, destreggiassi, con avvedute e ardite evoluzioni e con felici scaramuccie, la notte e il mattino fra boscaglie e valloni e rupi, conducendo due terzi della brava coorte alla stanza sicura di Cantalupo.

Alle due Nullo rassegnò la riaccozzata colonna sulla piazza di Boiano. Duecento uomini muti all'appello, e sei dei quattordici distaccati dal quartiere generale del dittatore. Il giorno successivo ripartimmo per Campobasso.

In casa dell'ospite X..., a cena, spiegando la salvietta, ciascheduno di noi vi trovò entro un pugnale di finissimo acciaio con la scritta all'acqua forte, *vendetta*. Era lavoro d'una fabbrica d'armi bianche di Campobasso giustamente famosa nelle Sicilie, ignorata altrove, e dono simbolico di Silvia, presente e malata.

L'indomani sera in teatro, a mezzo dell'opera, i cantanti intuonarono l'inno di Garibaldi. L'intendente De Luca dal palchetto troncò quella musica, gridando:

– Basta, basta, non piú inno. Viva il generale Cialdini, vincitore dei Borbonici e dei *cafoni* al Macerone presso Isernia. Viva il re galantumo!

Prima ingratitudine contro il Liberatore, di cui la serie la palla d'Aspromonte non chiuse.

Noi tumultuando urlammo *Viva Garibaldi!* Rivolemmo ostinatamente l'inno, e l'inno fu cantato e ricantato.

Tornando a Caserta, il maggiore Caldesi mi fece:

– Ora credo anch'io puro sangue sannitico i *cafoni* del Molise.

CAPITOLO VI

L'ADDIO

– Perché ve ne state laggiù? mi disse Garibaldi, a pranzo, nel palazzo reale di Caserta, il dì dopo del nostro ritorno dall'infelice spedizione; accostatevi e narratemi i casi d'Isernia.

Missori, Nullo, Zasio, Caldesi ed io, nauseati della frega adulatrice e vanitosa di molti uffiziali d'assidersi in mostra vicino al generale, ci raccoglievamo invariabilmente al lato opposto della mensa. Conoscendolo insofferente di lunghe ciarle, gli raccontai l'accaduto con succinto discorso, e il maggiore Caldesi mi soccorse felicemente rilevando con elocuzione originale i tratti comici della tragedia. A Garibaldi era noto l'evento per minuto, dal rapporto del comandante Nullo; ma volle con pensiero gentile promuovere l'occasione di manifestarcisi contento di noi, benché battuti, come se gli ci fossimo ripresentati vincitori.

– Così il Senato Romano, io osservai sorridendo, andò incontro a Varrone disfatto a Canne.

– Ecco il fatterello analogo! proruppe Caldesi, provocando la risata degli amici con codesta sua frase ripetuta ad ogni passaggio erudito che io, per aprirgli la vena faceta, andava con istudiata frequenza innestando nelle nostre conversazioni.

E proseguì: – Generale, i disastri di Caiazzo e d'Isernia sono le tinte scure che danno risalto alla luce delle vostre vittorie, e provano che si vince solo quando voi guidate.

– Fistolo! io esclamai. Non ti sapevo così perito nell'arte del cortigiano. Sembri un gentiluomo di camera di Luigi XIV!

– Altro fatterello analogo! replicò egli distraendo, col gradito ritornello, l'attenzione dal suo inusitato volo pindarico.

– Il vostro infortunio, notò con gravità il marchese Trecchi, largamente riparò per vostra consolazione il vincitore di Macerone, che il generale nell'ultimo proclama c'invita ad accogliere come fratello.

Ed io di ripicco: – Fratello d'Abele.

E il marchese: – Malignità di repubblicano!

– Si vedrà... Intanto voi non potrete negare che la sua entrata in casa nostra senza picchiare alla porta, e il bando del re di Sardegna ai popoli delle Sicilie non siano un insulto al liberatore ed ai liberati. Il re dichiara d'intervenire, non già chiamato da quello o da questi, ma da alcuni municipi e da alcuni notabili, per rimettere l'ordine.

Garibaldi, alzatosi, troncò la discussione, che principiava a scottare, con queste parole: – Farini scrisse il bando, e il re l'avrà firmato in buona fede, senza leggerlo. E se ne andò.

Il mattino appresso un aiutante venne ad annunciargli che la divisione Bixio lo attendeva nel primo cortile del palazzo. I vincitori di Maddaloni. Scese il generale ad ascoltare la relazione delle geste della valorosa divisione nella battaglia decisiva del 1° ottobre. Garibaldi e il suo quartier generale, Bixio e i suoi uffiziali superiori, componevano uno splendido gruppo sulla fronte della divisione, che distesa per battaglioni non occupava tutto l'immenso cortile.

A me fu commesso di leggere la relazione. Lessi a tutta gola io, ma la povera voce non oltrepassando le prime schiere, Vincenzo Cattabene, di più robusto polmone, mi surrogò. La materia discorsa in quel fascicolo c'interessava poco, trattandosi delle abituali prove di coraggio segnalate e lodate; ma allorquando voltata la pagina ci venne udito il nome di cinque uffiziali, infamati per viltà, rimanemmo inaspettatamente colpiti da doloroso stupore. Garibaldi comandò che i tre presenti dei cinque escissero dalle file e si presentassero al cospetto di lui e della divisione. A me pareva, anzi in quel punto lo sperai, che i raggi di tante migliaia d'occhi, conversi su quegli sciagurati, avrebberli come folgore inceneriti prima d'arrivarvi. Al loro mostrarsi, il tremito delle ginocchia e i battiti spessi e forti del cuore mi obbligarono di puntellarmi alla sciabola. Avvenimento nuovo per me e tremendo! L'età giovanile dei colpevoli, il sentimento della umana debolezza, l'idea che un súbito turbamento può sorprendere anche l'uomo di saldo petto, l'apparato solenne della punizione, la fisonomia e l'atteggiamento d'inflessibile severità di Garibaldi, destarono nell'animo mio un affetto prepotente di pietà. Sentirsi dire da Garibaldi "siete un vile", appariva agli occhi miei morte peggiore d'ogni morte.

Eppure il supplizio era giusto e necessario. Frattanto i tre giunsero alla presenza di lui e degli intenti battaglioni. Garibaldi, saettatili con uno sguardo di Giove Tonante: – Togliete loro la spada, disse al marchese Trecchi, e a Nullo: – Strappate dai berretti le insegne del grado.

Il marchese li disarmò, e Nullo gettò con forza a terra gl'infranti fili d'argento. I tre non morirono. Ma io vidi tramontare dal loro volto il lume divino dello spirito.

Quindi il generale arringò con eloquenza antica l'intrepida divisione, e rivoltosi ai tre impietrati: – A voi, tuonò con gesto come di maledizione, non avanza che di prendere un fucile e di farvi ammazzare agli avamposti.

I loro nomi disonorò per sempre la *Gazzetta Ufficiale* dell'indomani.

– All'alba si passa il Volturno; voi starete a' miei ordini; coll'usato cipiglio imperatorio dissemi la sera il colonnello Paggi.

– Distaccati dal generale?

Ed egli con visibile compiacenza, sicuro di seccarmi: – Distaccati.

E mi toccò d'inghiottire la nuova pillola.

Durante la notte oscurissima, procedendo a tentoni, potetti malagevolmente disporre alla marcia, secondo le ingiunzioni ricevute, le brigate Milano e Eber, che serenavano fra le vigne di costa sulla strada. Verso la fine dell'opera mia sopraggiunse il colonnello Paggi e m'invitò di condurlo sul luogo della colonna di Piero Balzani. A dieci minuti di là, chiestemi le indicazioni necessarie, mi rimandò al brigadiere Eber. Nel separarmi da lui: – È meglio, l'ammonii, che camminiate sulla strada per togliervi dalle vie incassate.

– Conosco il terreno, rispose con arroganza; e proseguì a traverso i campi. Io raggiunsi Eber; e si attese fino all'aurora, coll'arma al piede, il transito della divisione Bixio. Persuaso al sonno dalla stanchezza e dalle cadenti stelle, io dormivo sulla cavezza stando in arcione, e avrei dato un Perù per due metri di superficie terrestre ove distendermi. A intervalli fissi, sul punto di addormentarmi e di precipitare di sella, mi riscotevo per riaddormentarmi e riscotermi da capo. Mi accadde in quella guerra d'essere arso dal sole, irrigidito dalla luna, afflitto dall'appetito, estenuato dalle marcie, ma imparai che il crudelissimo dei mali è il male del sonno. Finalmente, non ridestandomi in tempo, stramazzai, e la salutifera botta mi svegliò. Scossa la polvere e fregati gli occhi, rimettevo il piede nella staffa, allorché capitò mia moglie che accompagnava una barella.

– Un ferito!

– Il colonnello Paggi.

– Il colonnello Paggi!?

Spuntava il giorno, e ho potuto discernere un mucchio d'ossa e di carne, e cento lacerazioni sul viso scolorato e semivivo del colonnello. Pieno di ineffabile compassione e contristato dal rimorso d'essergli stato molesto in vita:

– Ma come? ripigliai con ansia.

– Oltrepassando il campo laggiù, precipitò entro una via incassata e tolta alla vista dagli spineti che le crescono ai margini. C'è poca speranza di salvarlo, e tutta la certezza ch'ei non ridiventi mai l'uomo di prima.

– Cattivo augurio pel passaggio, tanto tempo meditato, del fiume! Non vorrei che l'esercito meridionale precipitasse a sua volta in una via incassata. Ho paura gliela scavino i guastatori del re sardo! Codeste strade profonde e serpeggianti a foggia di arterie, le quali aggruppansi a Capua e facilitano le sorprese nemiche, segano in varie guise la campagna sulle due rive del Volturno. Infatti, nella battaglia del 1° ottobre una schiera borbonica, scivolando per una di tali uscite fraudolente, sfuggì alla vigilanza della divisione Medici e comparve repentina e formidabile sul vertice del monte Sant'Angelo tempestando alle spalle Garibaldi che in più bassa parte con poche genti tenea testa ad altra schiera di fronte. Qualunque capitano, io stimo, sarebbe caduto prigioniero, e in tale convinzione i nostri impallidirono.

Ma Garibaldi con aspetto tranquillo e con prontissima parola mutò le opinioni dicendo: – Costoro caddero in nostra mano.

Eseguendo un movimento di fianco e calcolando sul preordinato arrivo d'un battaglione della brigata Sacchi da San Leucio, che arrivò puntualmente col maggiore Ocari, costrinse il temerario assalitore di ritrarsi fuori della propria orbita e di cedere le armi alla dimane.

Finalmente venne la mia volta nella disposizione della marcia generale, e in qualità di capitano di stato maggiore io cavalcava alla sinistra del brigadiere Eber, indicatore del cammino. Addietro di venti minuti dalla divisione Bixio, noi avanzavamo soli. La strada, girando alla base del monte Sant'Angelo, sale e toglie alla vista il tratto sottostante del fiume.

Eber mi dimandò: – Dov'è il ponte?

– Il ponte! già! ci vuole il ponte! pensai.

Per verità a me anima viva non mi favellò di ponte, e ignoravo anche se il corpo del genio garibaldino avesse confidenza coi ponti. Bisognava rispondere: – Non lo so – e rimanere scornato, o indovinare dove ei fosse. E se fosse stato altrove? Nel duro bivio mi soccorse il mio maestro Bacone con un ragionamento induttivo: si valica il fiume, dunque c'è il ponte. Di costà non v'ha ombra di nemico, di qua non si scorge un soldato, dunque il ponte è vicino. In tre battute di polso succedutisi l'affanno, il ragionamento, la risoluzione, risposi: – Il ponte è là. E indicai col dito. Dopo l'affermazione baconiana passarono per me dieci minuti crudeli. Alla perfine ci vennero veduti e fiume e ponte: respirai!

Il ponte ideato dal colonnello francese Bordone costrussero mani inglesi della legione. Compaginato con barche d'ineguale altezza, strette insieme da funi, presentava un piano ondulato, e le tavole, mal connesse e mal chiodate, vacillavano sotto le zampe dei cavalli e sotto il piede dei fanti. Largo quattro piedi, faceva mestieri tragittarlo a uno a uno; pareva che ogni onda scorrente dovesse trarne seco un brano; così forte esso crepitava e gemeva! e non istette guari che un paio di barche furono rapite. Il ponte reclinò il capo nel fiume, e tutta la scienza meccanica del nostro affaccendato Bordone non valse a risollevarnelo. Quel magro, lungo e paralitico ponte provocò l'ilarità prolungata dell'esercito meridionale.

Valicato il fiume e compiuto l'ufficio mio presso il brigadiere Eber, m'affrettai al generale che antecedeva di qualche miglio.

Il nemico, munita Capua con diecimila uomini, si ritirò sul Garigliano. Nell'interposta pianura doveva darglisi battaglia insieme coi Piemontesi,

Garibaldi incontrarsi col re su_ campo, e ivi regalargli la corona delle Due Sicilie. Questa voce vestita di forme poetiche volava di bocca in bocca, e i nostri battaglioni, bramosi di mostrars_ al paragone dell'esercito regolare, chiarivansi mediocremente interessati dell incontro drammatico dei due personaggi. Si tirava avanti col tardo passo per vie incassate, strette e ingombre di truppe, paghi d'aver posto piede alfine sulla riva contestataci con sì ostinata fierezza, e commentando in vario stile i prenunziati eventi, allorché s'intese che il generale Bixio, caduto da cavallo, ruppesi la testa e una gamba.

– E due! esclamai.

Difatti poco stante, ad un trivio, lo trovai seduto a terra col capo fesso, col naso ferito, col viso insanguinato e colla gamba spezzata prestar mano impassibile agli infermieri, rammaricarsi d'essere impedito dal combattere, raccomandare che la disgrazia rimanesse celata alla moglie.

Garibaldi aveva ordinato che s'arrestasse un prete fuggitivo. Bixio, immemore del grado e trasportato dalla consueta foga, scagliossi a tutta briglia sull'orma del prete, e nel girar la via incassata e selciata, il cavallo, focoso al pari del cavaliero, cadde di fianco, ed ei rimasto in sella percosse la testa contro la muraglia; la botta del cavallo gl'infranse la gamba, e la rovina di lui fu la salute del prete.

In quell'istesso giorno due carabinieri del drappello genovese si uccisero l'un l'altro a caso, e medesimamente due inglesi della legione. Giorno di malo augurio anche per gli spregiudicati.

– Se i polli non vogliono mangiare, vorranno bere, fece il console Appio Pulcro; e fattili gettare in mare appiccò battaglia coi Cartaginesi e la perdette. Vedi, mio caro (dirigevo le parole al maggiore Caldesi che ascoltava, sogghignando, il fattarello analogo), Tito Livio e Machiavelli disapprovano severamente il console. E se noi non diamo retta a questi segni augurali riducendoci ai nostri accampamenti d'oltre Volturno, se vogliamo che i polli bevano, perderemo la battaglia contro il re sardo.

– Contro il Borbone, tu vuoi dire!

– No, no, contro il sardo, il quale venne qui per fare la guerra a noi.

– Con le armi?

– Con le armi politiche e anche con le belliche, se fia d'uopo. Noi ora andiamo a firmare l'atto d'abdicazione, ed è troppo presto per la libertà d'Italia: forse andiamo incontro all'umiliazione, ed è troppo grave per l'avvenire della democrazia italiana.

– Oggi sei pieno di ubbìe e di melanconie; devi avere dormito male questa notte!

– È vero; m'addormentai in sella e mi svegliai boccone nella polvere.

– Altro segno infausto! proruppe con ironico sospiro il Caldesi.

– Che simboleggia la presente rivoluzione.

Noi si costeggiava una catena di monti in linea perpendicolare al fiume verso l'ovest, e sulla nostra mancina protendevasi la pianura soggetta ai baluardi di Capua, presupposto teatro della lotta finale.

Garibaldi mi comandò di salire in cima di quei monti e di riconoscere se nelle valli a destra apparisse indizio di nemici. Molte precauzioni simili aveva studiate e adottate il generale per ogni verso. Mostravasi cautissimo al solito, ma non al solito ardito. Io non ravvisava in lui il Garibaldi di Palermo e del 1° ottobre, bensì il Garibaldi luogotenente del re, il coloritore d'una parte assegnata, di disegno non suo. Eseguiva e non creava. Era un generoso destriero umiliato fra le stanghe d'un baroccio. Un capitano e quattro cavalieri ungaresi mi vennero compagni nella ricognizione. Superati i greppi dell'ascensione, si cavalcò penosamente varie ore di cima in cima paralleli alle mosse dell'esercito. Non abbiamo scoperto nemici; né amici, imperocché villaggi e casolari non consolano quelle vallate e quelle gole. L'aere ossigenato, la prossimità del mezzodì, il lungo cammino aguzzarono un appetito assai molesto nella comitiva italo-magiara. I magiari ed io, in mancanza d'un organo di comunicazione, non avevamo sino allora articolato verbo né avverbio, quando alla veduta d'un monastero sulla metà della costa io ruppi il tedioso silenzio: – *Elyen Lajos Kossuth*. Quei muti ed affamati commilitoni, al suono del nativo idioma e del nome di Kossuth, si fecero snelli e giocondi, e con viso di riconoscenza ripeterono:

– Elyen! Veramente non mi scaldava il cuore allora un evviva a Kossuth, ma ell'erano quelle le sole voci magiare di mia conoscenza per alludere al monastero. E risovvenendomi che il capitano, come presupposto gentiluomo, avrebbe dovuto saperne di latino, lo tentai con maccaronica frase: *Monaci illi, censeo, dabunt nobis panem, caseum, vinumque.* A cui quegli di botto: – *Bonum! fames nostra est magna.* Mi confortai che in fatto di latinità del buon secolo il magiaro ed io non facevamo una grinza.

Cogliemmo i monaci a tavola. Sommavano a dieci. Cordialmente ospitali, cedettero il loro posto e vollero amministrarci le vivande eglino stessi. Bove bollito e fumante, castagne e vino per noi, e generosa misura di avena pei cavalli. Acquetate le prime urgenze dello stomaco, rossa la guancia e gli orecchi, si principiò a ragionare per diritto e per rovescio di teologia, di frati, di monache; e gli adiposi padri non si sgomentarono delle mie opinioni eterodosse, reggevano intrepidi alla barzelletta e ridevano ai lazzi sulla loro equivoca virtù. I magiari non capivano sillaba, però ridevano.

– Mi rincresce per voi, dissi al padre guardiano, ma questa *ripaille* finirà presto.

– Davvero! proruppe colla gioia negli occhi un monaco smilzo, pallido e giovane. Il guardiano troncogli il discorso sulla lingua e lo rimandò grullo grullo alla sua cella. Indi rivolgendosi a me: – Egli è un patrizio innamorato d'una ragazza della plebe che il cauto e giudizioso genitore chiuse qui in penitenza. Ma, ritornando al primo detto, il dittatore forse avrebbe decretato ...

– No.

– Oh! in tal caso ciò che non fece Garibaldi, odiatore di preti e di frati, non farà il rampollo della pia Casa di Savoia, venuto a prendere possesso del regno.

– Sentenza d'oro; se pur il sillogismo della storia non sarà più stringente di quella pietà. Del resto, con Casa di Savoia, se uscirete dalla porta, rientrerete per la finestra! Dopo di cui ci separammo discretamente amici.

Tutto quel giorno si spese in assidue peregrinazioni col generale per esaminare i luoghi, spiare i movimenti del nemico e indovinarne le intenzioni. Dalla via laterale, a piè dei colli, spingevano le nostre indagini sulla grande strada militare che collega Capua a Gaeta, accostandoci alla portata delle artiglierie della prima. La sera si piantò il quartier generale intorno a un pagliaio. I nostri cavalli erano spossati e non un bicchier d'acqua per dissetarli.

Surse il generale dicendo: – Andiamo a cercarne.

Egli e ciascuno di noi, tolto il proprio cavallo a mano, si mosse errando e quasi brancolando nell'oscurità e per terreni ondulati e trarotti in traccia della linfa occulta.

Corso e ricorso lungo tratto invano, io dissi a Nullo: – Capisco che senza la bacchetta di Mosè questa sera i cavalli non bevono.

– Mosè l'abbiamo, e la bacchetta la troveremo.

Calatici giù in una profonda fessura rinvenimmo la linfa sospirata: pilacchera che le povere bestie, riarse dalla sete, torcendo il naso, s'ingollarono.

Reduci al nostro pagliaio, io m'acconciai alla meglio un giaciglio e, come mi vi adagiai, sopravvenne la moglie mia, la quale, corsa alla sprovveduta in aiuto del generale Bixio, non esitò d'affrontare sedici miglia a piedi per raggiungermi. Laonde il giaciglio diventò talamo. Garibaldi, coricato poco lungi da me sul suo *recado*, ragionava vivacemente coll'intendente generale intorno alla distribuzione dei viveri, e non sembrava gran che soddisfatto. Poi dimandò: – Provvedeste la legione inglese di vettovaglie? E l'intendente: – Mandai presso il colonnello Peard il mio migliore commissario, e qui me lo rimandò dichiarando che voleva essere indipendente.

– Ebbene, riprese Garibaldi, che mangino l'indipendenza.

– I legionari di Peard vivono di caccia. Uccisero più di cento maiali!

– Intendete dire cignali!

– Punto: dico maiali rapiti ai contadini che se ne querelarono meco coi soliti ululati, chiedendo il rifacimento immediato dei danni.

– Vi hanno diritto.

A questo paragrafo del dialogo m'addormentai. Ma in guerra non c'è pace. Io dormivo da più di un'ora come un morto, e la voce del generale, che mi chiamò tre o quattro fiate, non valse a riscotermi; vi sopperì il gomito della moglie. Ricoverando lentamente gli spiriti, sollevai la testa e pronunciai con parola velata: – Pronto, generale!

Ed egli: – Insellate il cavallo e cercate la brigata Milano di cui non si ha notizia. Sviluppatela sulla sinistra. Invidiando i compagni dormenti e immiserito dal notturno guazzo, che mi raggelò addosso il sudore effuso dal sonno profondo, montai in sella con lo stridore dei denti, e per rincalorirmi spinsi il cavallo a briglia sciolta.

Sentendomi rifluire il sangue nelle vene e riacquistata la coscienza, rallentai la corsa e principiai a riflettere ove mai pescare la brigata smarrita, e pescatala, ove collocarla. – Quale sarà la sinistra? Un uffiziale di stato maggiore dovrebbe saperlo, ma io non lo so, né altri certo dei miei compagni lo saprebbe. Con Garibaldi, che non chiede manco per isbaglio il parere altrui e tiene il proprio per sé, gli uffiziali di stato maggiore si riducono a semplici caporali d'ordinanza.

Esaurite codeste preliminari considerazioni, surrogando alla nozione l'ipotesi e stabilendo nella strada militare fra Capua e Gaeta il punto obbiettivo delle nostre manovre della giornata, mi sembrò ragionevole che noi fossimo distesi parallelamente ad essa colle schiene al monte; e supponendo il quartier generale al centro, ne derivava che la sinistra si trovasse nella direzione del borgo dei Pignattari verso il Volturno.

Costrutto, come potetti, l'ordine di battaglia e fissato il posto per la brigata, rimisi la povera bestia al galoppo ora pei campi ora sulla strada, affidandomi più al suo istinto che al mio discernimento, così inumanamente fitte erano le tenebre. A lungo andare mi convinsi che invece di scoprire la brigata avrei dato del capo in una pattuglia borbonica, e me ne sarei ito sotto scorta agli ozi di Capua. In questi pensieri stimai propizie le tenebre, dapprima imprecate. Nel mio viaggio ad S maiuscola fra le strade e i campi, intesi il rumore a cadenza di soldati in cammino, ed aspettai a piè fermo con pistola montata. Giunta la colonna a tiro di parola, intimai l'alto, chi va là? M'avvicinai. Proprio la brigata Milano! La condussi al luogo designato e volai ad avvertire Garibaldi. Per buona ventura la sinistra ideata era la sinistra reale, e pago mi ricoricai con un pezzo d'agnello arrosto, mancia del generale, perché il sonno potè più che il digiuno.

All'alba, dopo ch'ebbi condotti all'avanguardia i carabinieri genovesi sulla via di Teano, in un punto ove la strada piega a manritta, mi soffermai con Nullo, ad una vecchia casa abbandonata, e divisi seco lui fraternamente l'agnello della sera che m'aveva lardellata la saccoccia. Ivi un drappello di lancieri piemontesi, i quali, fiancheggiando la fanteria, perlustravano la campagna, ci annunciò che il re si approssimava. Nullo, fresco del ritorno, l'aveva visitato nella notte, portatore d'un dispaccio di Garibaldi, e la Maestà Sua, scesa di letto, lo ricevette in pianelle, in berretta da notte, e in vesta da camera. Riferendomene alle sensazioni del mio amico, parrebbe che l'insensibile traspirazione della sacra reale persona non fosse precisamente identica all'ambrosia onde Omero involvea a guisa d'odoroso zodiaco i suoi numi guerrieri.

Noi percorrendo, a traverso i campi e sui primi abbozzi d'una ferrovia, l'ipotenusa del gomito descritto dalla strada, ci arrestammo ad un bivio per attendervi Garibaldi. Proveniente da Venafro, sfilava verso Teano l'esercito settentrionale, e la banda di ciascun reggimento, dipartendosi dalla testa di colonna, sostava da lato a rallegrarne il passaggio con musiche marziali; quindi le si ricongiungeva alla coda. Il sito d'intersezione delle due strade era abbastanza capace, e l'adornavano una casa rusticana e una dozzina di pioppi. Terreni arati all'intorno, e radi alberi e viti ingiallite dallo autunno cadente; pianura uniforme e uggiosa. Non tardò guari a giungere Garibaldi. Sceso di sella, si pose sul davanti a guardare la truppa con lieta pupilla. Della Rocca, generale d'armata, se gli accostò cortesemente. Alcuni uffiziali salutavano con visi sfavillanti; la più parte, fatto il saluto prescritto dal regolamento, procedeva oltre, inconsapevole o indifferente che il salutato fosse il liberatore delle Sicilie; sarebbesi detto in quel cambio, se lice una induzione dalla fisonomia, che eglino fossero i liberatori, e Garibaldi il liberto. Quando improvvisamente una botta di tamburi troncò le musiche e s'intese la marcia reale.

– Il re! disse Della Rocca.

– Il re! il re! ripeterono cento bocche. E in vero una frotta di carabinieri reali a cavallo, guardia del corpo, armati di spada, di pollici e di manette, annunziò la presenza del monarca sardo.

Il re, coll'assisa di generale, in berretto, montava un cavallo arabo storno, e lo seguiva un codazzo di generali, di ciambellani, di servitori; Fanti, ministro della guerra, e Farini, viceré di Napoli in pectore, esso pure insaccato in una capace tunica militare; tutta gente avversa a Garibaldi, a codesto plebeo donatore di regni. Disotto al cappellino Garibaldi s'era acconciato il fazzoletto di seta, annodandoselo al mento per proteggere le orecchie e le tempia dalla mattutina umidità. All'arrivo del re, cavatosi il cappellino, rimase il fazzoletto. Il re gli stese la mano dicendo: – Oh! vi saluto, mio caro Garibaldi: come state?

E Garibaldi: – Bene, Maestà, e lei?

E il re: – Benone!

Garibaldi, alzando la voce e girando gli occhi come chi parla alle turbe, gridò: – Ecco il re d'Italia!

E i circostanti: – Viva il re!

Vittorio Emanuele, trattosi in disparte pel libero transito delle truppe, s'intrattenne qualche tempo a colloquio col generale. Postomi con istudio vicino ad ambedue, ero vago d'intendere per la prima volta come parlino i re, e di avverare se all'altissimo grado corrisponda l'altezza dell'ingegno e del pensiero. La situazione era epica: suolo campano e Capua a poca ora; grandi ombre di consoli romani e di Annibale; incontro degli eserciti di Castelfidardo e di Maddaloni; vigilia della battaglia; contatto della camicia rossa e della porpora; d'un principe ricevitore e d'un popolano datore di una corona; trasformazione d'un regolo in re d'Italia.

Sua Maestà favellò del buon tempo e delle cattive strade, intercalando le considerazioni con rauchi richiami e con alcune ceffate al nobile corsiero irrequieto. Indi si mosse. Garibaldi gli cavalcava alla sinistra, e a venti passi di distanza il quartiere generale garibaldino alla rinfusa col sardo. Ma a poco a poco le due parti si separarono, respinta ciascuna al proprio centro di gravità; in una riga le umili camicie rosse, nell'altra a parallela superbe assise lucenti d'oro, d'argento, di croci e di gran cordoni. Se non che, immezzo alla vanità di queste umane grandezze sorgeva in atto benigno e vestita di realtà l'idea d'una buona colazione che i regi cuochi precorsero ad imbandirci presso Teano.

In tanto strepito d'armi e corruscare di spallini e ondeggiare di cimieri, i contadini accorrevano attoniti ad acclamare Garibaldi. Dei due che precedevano, ignorando quale ci fosse, posero con certezza gli occhi sul più bello. Garibaldi procacciava di deviare quegli applausi sul re, e, trattenuto d'un passo il cavallo, inculcava loro con molta intensità d'espressione:

– Ecco Vittorio Emanuele, il re, il nostro re, il re d'Italia; viva lui!

I paesani tacevano e ascoltavano, ma non comprendendo sillaba di tutto ciò, ripicchiavano il *Viva Calibardo!* Il povero generale alla tortura sudava sangue dagli occhi, e conoscendo come il principe tenesse alle ovazioni e quanto la popolarità propria lo irritasse, avrebbe volentieri regalato un secondo regno pur di strappare dal labbro di quegli antipolitici villani un *Viva il re d'Italia!* anche un semplice *Viva il re!* Ma la difficoltà si sciolse prontamente, perché Vittorio Emanuele spinse il cavallo al galoppo. Tutti noi gli si galoppò dietro, e con noi Farini, il quale, agguantata la testa della sella, curava poco le redini e meno le staffe, e ad ogni movimento della bestia le brache aggroppavansigli alla volta delle ginocchia. Per buona sorte il re, oltrepassati i villani, si rimise al passo, rassettò la tunica, raddrizzò il berretto, asciugò il sudore e riatteggiossi decorosamente. Al ponte d'un torrentello che tocca Teano, Garibaldi fece di cappello al re; questi proseguì sulla strada suburbana, quegli passò il ponte, e separaronsi l'un l'altro ad angolo retto.

Noi seguimmo Garibaldi, i regi il re.

Garibaldi smontò di sella nel propinquo sobborgo, e condusse il cavallo ad uno stallaggio di barocciai a lato della via. Imitato l'esempio, traemmo i nostri ivi dappresso, guatandoci a vicenda trasecolati.

– Dov'è ito il re?

– Costà a colazione.

– E Garibaldi non vi fu invitato?

– Ma?

Entrai nella stalla con Misscri, Nullo e Zasio, e vi trovai il dittatore seduto su una pancuccia, a due passi dalla coda del suo cavallo: stavagli davanti un barile in piedi, sul quale gli fu apprestata la colazione. Una bottiglia d'acqua, una fetta di cacio e un pane. L'acqua per giunta infetta. Appena ne bevve egli alcun sorso, la sputò dicendo tranquillamente: – Dev'esservi nel pozzo una bestia morta da un pezzo. Lentamente e in silenzio ripartimmo sui nostri passi per Calvi. Il sembiante di Garibaldi m'apparve sì dolcemente mesto, che mai mi sentii attirato verso di lui con altrettale tenerezza.

Fatto centro in Calvi, il generale dispiegò i suoi diecimila uomini con perspicua diligenza, da un lato fino a Casciano, dall'altro a Sparanisi, la fronte conversa alla strada che per Sant'Agata mena al ponte del Garigliano. Corse e speculò minutamente l'intero giorno il terreno entro un arco di parecchie miglia, e la sera si ridusse in un tempietto fuori della borgata di Calvi. Mesti della sua mestizia, noi c'eravamo posti a giacere su poca paglia intorno a lui. Una deputazione di Siciliani variò la scena muta, empiendo la cappella di sineddochi, di ipotiposi e di epifonemi. L'onda oratoria di questi isolani mi conciliò meravigliosamente il sonno. Finiti i discorsi, partiti gli oratori, il silenzio mi svegliò, e appunto allora fu recata la novella al generale che una pattuglia di cavalleggeri nemici avanzavasi arditamente verso il tempietto, provenendo da Capua.

Chiamato per nome, saltai in piedi.

– Andate a scacciare la pattuglia, egli mi fece.

Beato dell'onore di rinnovare a un dipresso le gesta di Orazio Coclite, cavalcai frettoloso contro il nemico, lusingandomi di rispondere degnamente alla superlativa fiducia del generale. Però gli amici miei, testimoni del comando ricevuto, probabilmente appartenevano a quella scuola storica che considera il Coclite, lo Scevola, il Curzio ed altri di codesta risma, figure simboliche dell'età poetica di Roma, e deliberarono di non lasciarmi solo fra venti spade. Usciti chetamente dal tempietto, mi tenner dietro ad uno, a due, a tre, e bentosto vidimi in un sodalizio di gagliardi che abbassarono di un tono l'impresa. Sulle nostre pedate s'incamminarono alquanti uffiziali dei corpi ivi attendati, e caporali e soldati, avvegnacché si fosse un pochino diffuso il rumore dell'impresa. Quell'uno adunque, designato da Garibaldi ad una singolare tenzone contro l'avventurosa pattuglia, diventò cinquanta. Oltrepassate le ultime sentinelle degli avamposti, ci profondammo nell'ignoto, in cerca della pattuglia. Quand'ecco il suono dell'ugna dei cavalli ce la prenunzia. Gli uffiziali a piedi e i soldati si spiegano in due ali sui campi per colpirla con fuochi obliqui ed accerchiarla, mentre noi cavalieri sulla strada la investiamo di fronte.

Pistole e carabine in punto, e avanti! In un lampo le piombiamo addosso e gli snelli volteggiatori delle armi già l'hanno circondata: – Ferma, giù le armi, prigionieri! Il condottiero, sbigottito ed obbediente, depone la frusta ed arresta il barroccio carico di mattoni, tirato da quattro cavalli.

L'indomani, sul mezzodì, udivasi il rombo del cannone sul Garigliano. Venne mia moglie a chiedere provvedimenti per l'ambulanza generale.

Garibaldi le rispose con accento incisivo e con fredda compitezza: – I miei feriti giacciono all'altra riva del Volturno! E tacque.

Noi stemmo sospesi e intenti per indovinare a cui alludesse tale risposta. Vidi sul suo volto un graduale passaggio, quasi per note semitonate, a un più mite e rassegnato senso di tristezza; indi egli ripigliò con voce blanda e con inflessione esclamatoria: – Signora, ci hanno messo alla coda!

Allora compresi la recondita causa del suo turbamento dopo il colloquio col re. Ma conoscendo la nobile natura di lui, avevo la certezza che quella causa non doveva indagarsi nell'inurbanità del principe, preludio d'una ingratitudine favolosa.

In più tarda ora, il re percorse le nostre linee sino al Volturno. Il colonnello Dezza faceva gli onori del campo. Era una ressa affannosa di generali garibaldini e di uffiziali superiori intorno al nuovo astro sorgente; e intanto tramontava malinconicamente dietro le pianure della Campania l'astro di Marsala.

Alle due dopo mezzanotte del 7 novembre tre carrozze da nolo si arrestarono al portone dell'albergo della "Bretagna" in Napoli. Alle due e un quarto chiudevasi lo sportello della prima, e via con Garibaldi, Menotti e Basso. Míssori, Nullo, Canzio, Trecchi, Zasio ed io, dietro nell'altre due.

All'approdo di Santa Lucia entrammo in una lancia che ci aspettava, e in qualche minuto scorgevansi le vaporose forme della Sirena, immemore e assopita nell'amplesso del nuovo amante. Eppure non corsero che due mesi dalla notte del 7 settembre, notte di deliranti affetti pel liberatore. Ora egli, glorioso e sereno, s'involava al freddo aere dell'oblio, col modesto corteo di pochi amici, a lui devoti ancora più nelle infedeltà della fortuna.

Dal ponte del *Washington* egli disse addio a Napoli e a noi, e soggiunse: – A rivederci sulla via di Roma!

INDICE

5   Piuttosto mi fò frate
     di Marcello Donativi

     LA CAMICIA ROSSA

15   Cap. I - Il ponte invisibile

37   Cap. II - I pionieri

63   Cap. III - *Veni, vidi, vici*

87   Cap. IV - Dittatura di tre giorni

109 Cap. V - I Sanniti moderni

143 Cap. VI - L'addio

www.ingramcontent.com/pod-product-compliance
Lightning Source LLC
LaVergne TN
LVHW011353080426
835511LV00005B/281